「業界再編時代」のM&A戦略

No.1コンサルタントが導く「勝者の選択」

渡部恒郎

幻冬舎MC

「業界再編時代」のM&A戦略

No.1コンサルタントが導く「勝者の選択」

はじめに

経営者にとって、会社を誰に引き継ぐのか――事業承継は「最後の大仕事」です。

しかし、大半の中小・中堅企業の経営者がその対策を後回しにしているのが現実です。

実際、中小・中堅企業のオーナー経営者の3人に2人が後継者不在であると言われています。会社を誰に引き継ぐのかが決まっていない多くの経営者が、リタイア直前で、会社の行く末に頭を悩ませているのです。私がM&Aの世界に足を踏み入れた8年前、会社を売却したいとご相談いただく経営者の譲渡理由は、「後継者問題」の解決のためが大半でした。子供が継がない、社員には継がせられない、廃業したのでは社員の雇用が失われるうえに自分も借金を背負うことになる……。これまで私は、悩める経営者に寄り添い、こうした問題をM&Aで解決してきたのです。

「M&A」という言葉を聞くと、「会社の身売り」のようなネガティブな印象を抱く方もいらっしゃいましたが、そうしたイメージは、今や過去のものになりつつあります。早い段階から会社売却の準備をして、絶好のタイミングを逃さず圧倒的高値で会社を売却する経営者が増えているのです。息子や優秀な経営陣がいる場合でも次世代の経営陣の活躍の場を広げるため、優良企業のグループ入りすることを決断するオーナー経営者も増加しています。

昨今、顕著に増加しているご相談は、業界の行く末を見据えたうえでの戦略的売却、すなわち「業界再編型」のM&Aです。譲渡後に会社が飛躍的成長を遂げ、社員にM&Aを感謝される経営者も少なくありません。譲渡した経営者が嫉妬するほど、社員がグループ入りしたことに満足しているというケースもあるほどです。今や、M&Aによって企業を売却するのは「勝者の選択肢」といえます。

高値で会社を売却し、売却したあとも事業が発展を遂げること。

——その鍵を握っているのは「業界再編」です。

業界再編というと、単に規模が大きくなることだととらえている方もいます。しかしながら、実際には、ある業種・業界で強い企業やリーダーシップのあるオーナー経営者が集まって、〝情熱を持って〟業界構造を変え、新しいビジネスに挑戦していくことです。たとえば、駐車場ビジネスの業界再編では、駐車場会社が集まることによってカーシェアリングの会社へと生まれ変わりました。このように業界の勢力図が一変することが業界再編なのです。つまり、「1人や1社ではできないことを、集まること」によって実現しているのです。

銀行、商社、百貨店、スーパーマーケット、自動車、スーパーゼネコン、監査法人、家電量販店、コンビニ、各メーカーから各卸業界まで……過去を見ても、さまざまな業界で再編は起こっています。たとえば銀行なら、三菱東京ＵＦＪ、三井住友、みずほ、りそなの４行。百貨店であれば、三越伊勢丹、Ｊ．フロント リテイリング、高島屋、Ｈ２Ｏリテイリングの４社です。そして今後、最終的にはどの業界も４社に統合されていくと予想されているのです。

今年（２０１５年）も、コンビニ業界では業界３位のファミリーマートと４位のサークルＫサンクスの経営統合の交渉入りのニュースがメディアを賑わせました。またゲーム業界では、任天堂とＤｅＮＡの資本・業務提携が話題になりました。今後も、あらゆる業界で再編が進み、その流れは一度動き始めたら止まったり逆戻りしたりすることはありません。

どの業界でも上位企業のシェアが約10％になると「成長期」に入り、業界再編が始まります。大手企業が中小・中堅企業を買収したり、中小・中堅企業同士が数社でグループ化し規模拡大を図ります。さらに「成熟期」では、上位10社のシェアが約50％に達すると、地域No.1クラスの企業の再編が起こります。そして、上位10社のシェアが約70％まで進むと、大手企業同士の経営統合が始まるのです。

業界再編は大手企業同士の買収合戦だけではありません。その流れを初めにつくり出すのは業界をより良くしていこうという情熱を持った中小・中堅企業の経営者です。しかし、その流れに乗って「強者連合」の仲間入りができる経営者と、もはや買い手がつかず取り残されてしまう経営者の二極化が起きています。では、一体どうしたら業界再編の流れに乗って、「圧倒的高値の売却」とM&A後の「会社の飛躍的成長」を実現できるのでしょうか。

私はこれまで、全国の中小・中堅企業のM&Aをお手伝いしてきました。優秀なコンサルタントの平均年間成約数が4件程度といわれるこの業界で、その3~4倍のペースでM&Aを手掛けています。現在、日本で最も多く中小・中堅企業のM&Aに関わっているコンサルタントです。そうした経験から断言できるのは、あるべき業界像について熱意を持って考え抜くことが最重要だということです。そうすることで、業界再編をリードする側に立つことになり、結果として、最適な売却タイミングをつかみ「会社の飛躍的成長」や「圧倒的高値での売却」を実現できることになるということです。

本書では、業界再編時代のM&Aで中小・中堅企業経営者が取るべき選択と方法を、実際に譲渡されたオーナー経営者や、会社を譲受して成長している企業経営者とディスカッションしたことをもとにお伝えしています。本書が中小・中堅企業経営者のみなさまにとって、「勝者の選択」を導くひとつの羅針盤となれば幸いです。

目次

第2章 業績が絶好調で売却。業界再編時代のM&Aの「ベストタイミング」とは？

第3章　業界再編の大波に乗り、会社を圧倒的高値で売却する

第5章 M&Aという大仕事を成功させ、「経営者の責任」と「余生の幸せ」を両立する

装丁　松崎　理

第1章

最終的に大手4社に統合される。あらゆる業界で「再編」が起きている

今、日本の経済ではさまざまな業界で再編が起きています。

「業界再編」というと、どのようなイメージを持たれるでしょうか。たとえば、大手企業同士によって繰り広げられている買収合戦でしょうか。あるいは、TVドラマでも話題になったハゲタカファンドが仕掛ける企業の乗っ取り劇や敵対的買収といったイメージでしょうか。じつはこれらはすべて、すでに過去のものとなっています。

わかりやすく表現するなら、業界再編とは、ある業種・業界で強い企業やオーナー経営者が集まって「強者連合」をつくり、業界構造を変え、新しいビジネスに挑戦していくことで業界の勢力図を変えていくことです。

業界再編で激動する中小・中堅企業の現在と未来

旧体制の業界の勢力図が新しいものへと変わった最近の具体例がコンビニの業界再編でしょう。2015年、コンビニ業界での再編の動きが加速し、3月には業界第3位のファミリーマートが第4位のサークルKサンクスの親会社であるユニーグループ・ホールディングスとの経営統合の検討を開始しました。さらに8月にはファミリーマートは、東海地方の中堅コンビニチェーン「ココストア」の買収を、ローソンは「スリーエフ」の買収を検討して

激変するコンビニ業界の店舗数

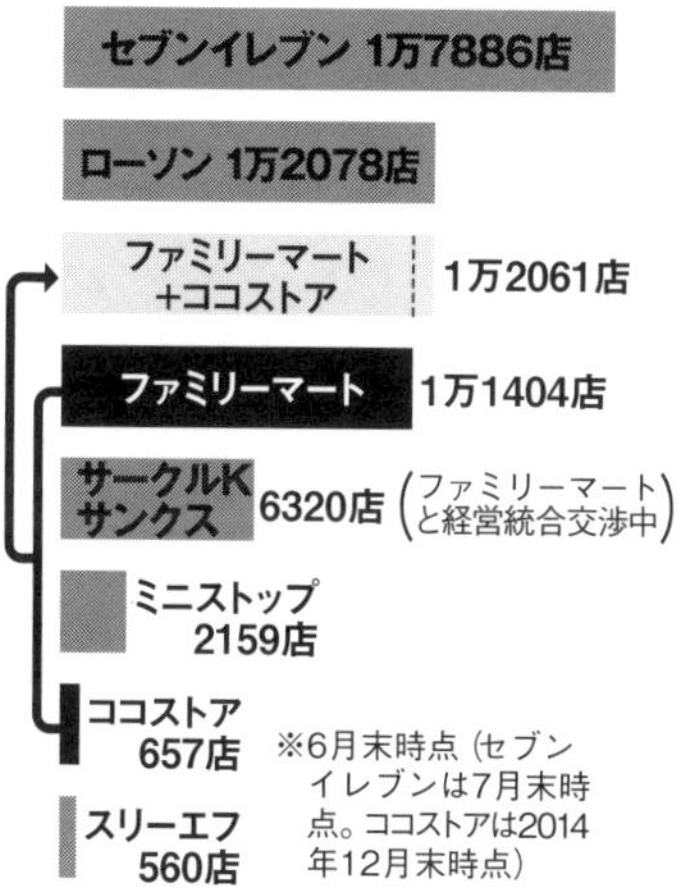

※6月末時点（セブンイレブンは7月末時点。ココストアは2014年12月末時点）

いると報道されました。

仮に、ファミリーマートとココストアとの統合が実現されれば、店舗数では業界第２位のローソンと肩を並べる１万２０００店台となります。加えてサークルＫサンクスとの統合が実現すれば、１万８０００店を超え、首位のセブンイレブンを上回り、業界トップに立つことになります。また、全店売上高ではファミリーマートとサークルＫサンクス連合は、セブンイレブンとは１兆円近い差がありますが、第２位のローソンを９０００億円近く上回ることになります。約６０００店舗しかなかったココストアやスリーエフと大手との差は歴然で、単独の生き残りは難しいという判断からファミリーマートグループに入ることで、業界２位の仲間入りをすることになり

スーパー業界相関図

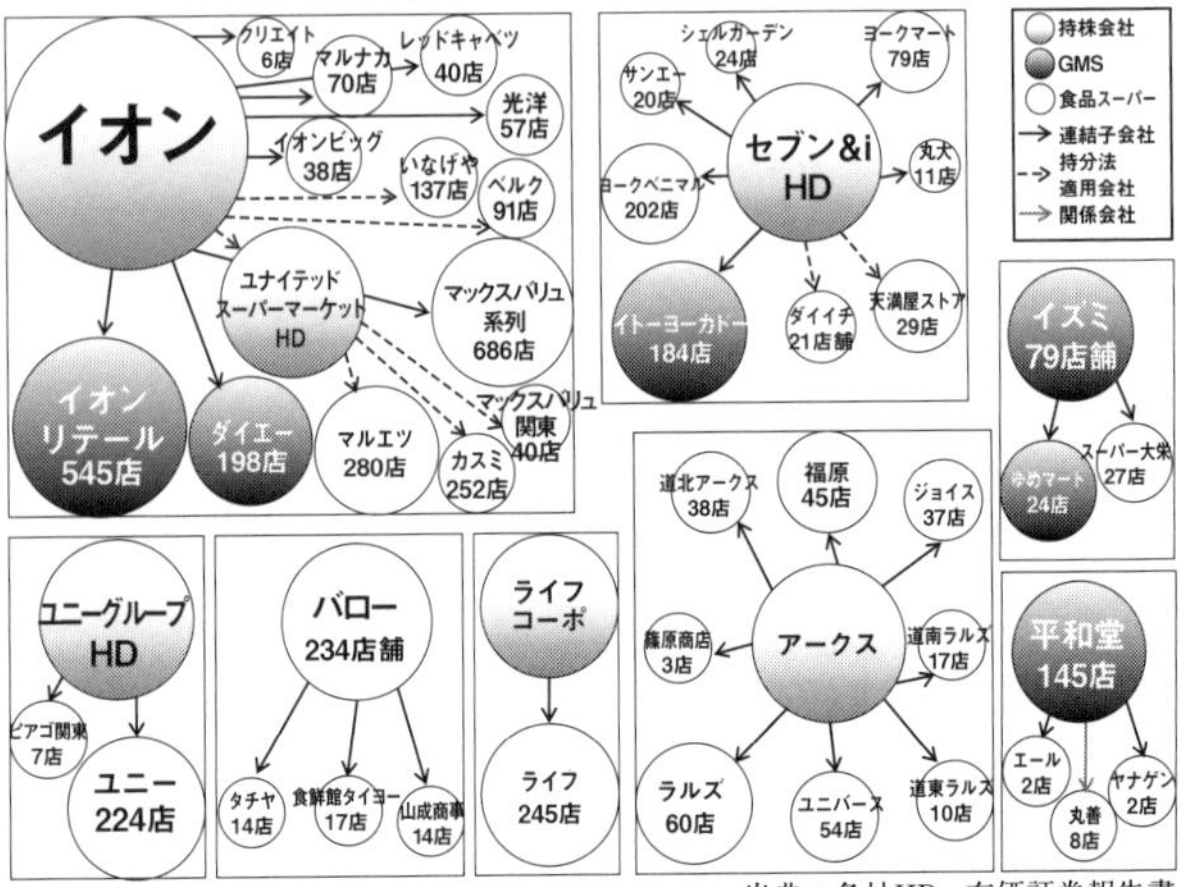

出典：各社HP、有価証券報告書

ます。

コンビニ業界に限らず、業界再編はあらゆる業界で起こっています。スーパー業界では、イオンがマルエツやカスミ、マックスバリュ関東の３社を統合し、ユナイテッド・スーパーマーケット・ホールディングスを発足しました。ドラッグストア業界ではイオンは２０１４年にドラッグストア大手のウエルシアを子会社化し、ＣＦＳコーポレーション（ハックドラッグ）などの経営を統合し、ウエルシアは調剤薬局や介護サービスなどの隣接業種にも展開しています。

このように小売業界では、スーパーやコンビニ、ドラッグストアといったこれまでの業態の垣根を越えて再編が進んでいることがわかります。

スーパー業界の再編

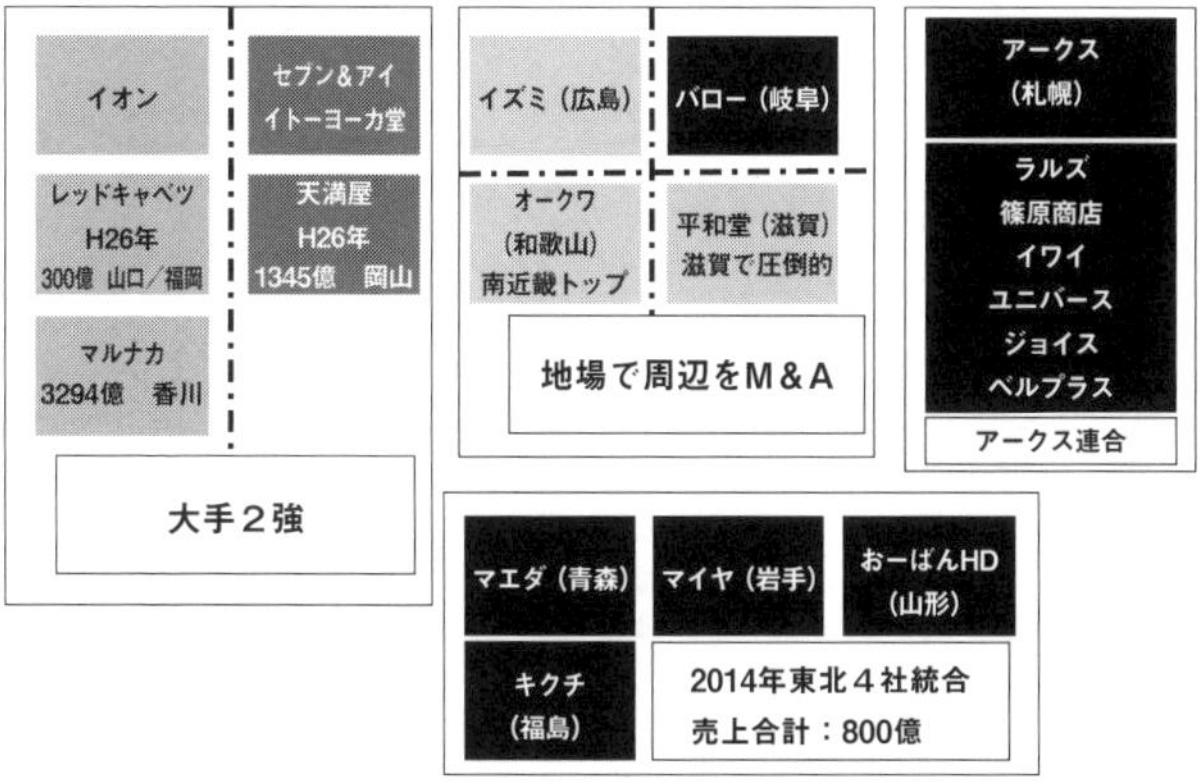

また、ゲーム業界では、任天堂とＤｅＮＡが資本提携を発表し、飲料メーカーでは、ＪＴ（日本たばこ産業）が飲料事業からの撤退を決定したことを受けて、傘下の自販機事業子会社であるジャパンビバレッジがアサヒ飲料・キリンビバレッジ・サントリー食品インターナショナルといったビール系３社のどこと組むのかが注目されていました。最終的には２０１５年５月にサントリー食品インターナショナルがジャパンビバレッジとＪＴの飲料ブランドを取得する基本合意契約を結びました。これで飲料メーカーの業界再編も一気に進んでいくものと思われます。

２０１５年８月には、生命保険業界２位の日本生命が業界８位の三井生命を買収することで最終調整に入ったことも報道されております。実現すると日本生命は業界1位の保険料収入となります。国内生保の再編は11年ぶりであり、国内の資金の流れは大きく変わろうとしているのです。

さらに金融業界では、2014年から地方銀行の再編が活発化しています。今後は地域のお金とモノの流れが大きく変わり、地方でも業界再編が一層活発化することが予想されます。

このように、今、日本のさまざまな業界で再編が起こっています。そして、一度始まった再編の流れは、決して止まることも逆戻りすることもありません。

しかし、業界再編は最近になって始まったことではありません。明治期の近代日本の夜明けから発展、敗戦から復興、そして高度経済成長から停滞、復活という大きな流れの中で、さまざまな業界で再編が起こりました。業界再編は、企業の淘汰や統合を繰り返しながら日本経済の原動力ともなってきたのです。

どの業界も最終的に4社に集約される業界再編の歴史

人間にライフサイクルがあるように、業界にも「導入期」「成長期」「成熟期」「最終（衰退）期」の4つのライフサイクルがあります。そして、過去どの業界においても「成長期」に入

「日本企業は４社に統合」の歴史

	1位	2位	3位	4位
医薬品卸	メディパルHD	アルフレッサHD	スズケン	東邦HD
百貨店	三越伊勢丹	J.フロント リテイリング	高島屋	H2Oリテイリング
家電量販店	ヤマダ電機	ビックカメラ	エディオン	ヨドバシカメラ
コンビニ	セブンイレブン	ローソン	ファミリーマート	サークルKサンクス
ビール	サントリー	キリン	アサヒ	サッポロ
新聞	朝日新聞	読売新聞	日本経済新聞	毎日新聞
法律事務所	西村あさひ	森・濱田松本	長島・大野・常松	アンダーソン・毛利・友常

どんな業界も「成熟」すると４社になる

ると必ず業界再編が始まり、「成熟期」を経て、最終的には4社に集約されていくという歴史があります。

銀行の場合は、業界再編の末、現在は三菱東京UFJ銀行、三井住友銀行、みずほ銀行、りそな銀行の4行に集約されました。

また、百貨店においては、三越伊勢丹、J.フロント リテイリング（大丸松坂屋、パルコ）、高島屋、H2Oリテイリング（阪急阪神百貨店）。家電量販店はヤマダ電機、ビックカメラ、エディオン、ヨドバシカメラ。このように、すべての業界においても最終的に4社に統合されています。

銀行も大手4行体制へ

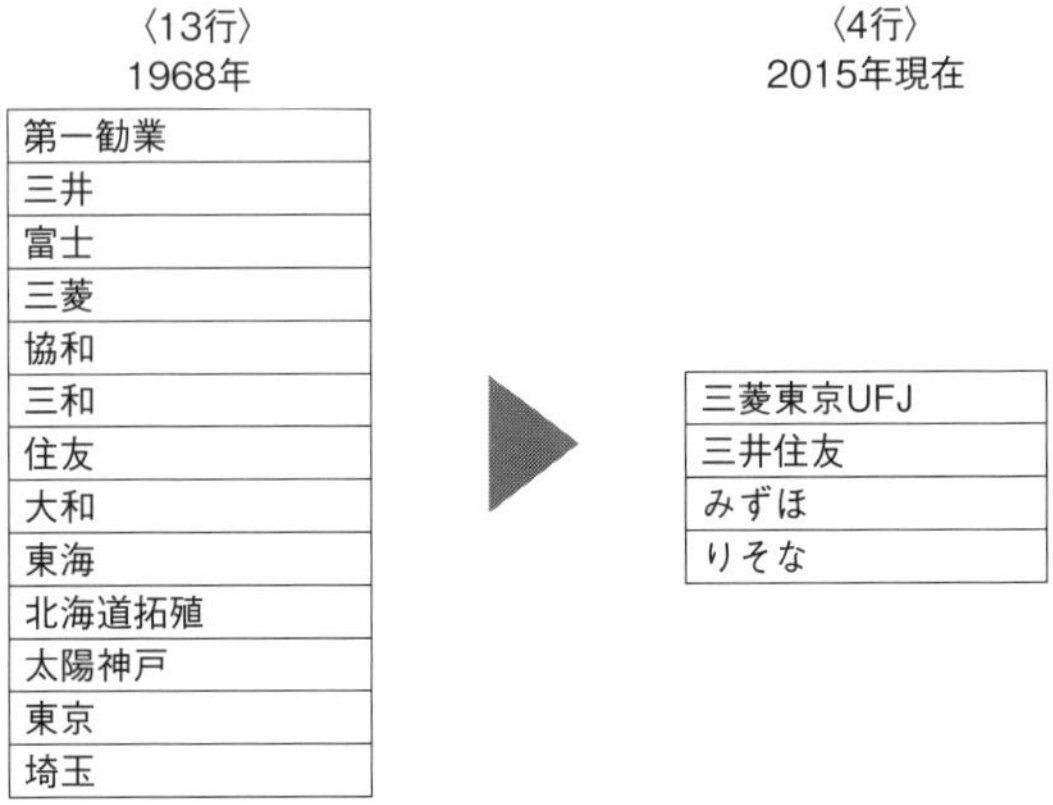

〈13行〉
1968年
第一勧業
三井
富士
三菱
協和
三和
住友
大和
東海
北海道拓殖
太陽神戸
東京
埼玉
〈4行〉
2015年現在
三菱東京UFJ
三井住友
みずほ
りそな

4行に再編された銀行の歴史

では次に銀行を例に再編の歴史を見ていきましょう。

１９６８年、13行が都市銀行とされていました。

その後、日本の金融機関は世界を席巻しますが、バブル崩壊後に金融制度の自由化（いわゆる金融ビッグバン）が行われ、都市銀行の再編・統廃合が進んでいき、２０００年以降、メガバンクが誕生しました。

三菱銀行と東京銀行が合併し東京三菱銀行ができたのが１９９６年。その後、２００５年に東京三菱銀行とＵＦＪ銀行が合併し、

2006年にメガバンク「三菱東京UFJ銀行」が設立されます。

「三井住友銀行」は、2001年に住友銀行とさくら銀行が合併して誕生しています。収益力の低かったさくら銀行を事実上、住友銀行が救済合併したといわれています。

第一勧業銀行と富士銀行、そして日本興業銀行を経営統合して2002年に誕生したのが、「みずほ銀行」。

2002年に大和銀行とあさひ銀行の2行が経営統合して三大メガバンクに続く「りそな銀行」が誕生し、13行の都市銀行が大手4行体制へと変動したのです。

銀行と総合商社があらゆる業界の再編をリード

金融機関と総合商社は、日本の産業の発展に大きく寄与してきました。特にバブル崩壊あたりまでは金融機関が成長企業へ融資することによってリードし、その後の20年間は総合商社がリードして、あらゆる産業の構造をつくり上げてきたのです。

大手銀行は国内におけるお金の流れを、総合商社はモノの流れを決定づけています。そのため、各銀行の文化やカラー、総合商社の系列にしたがって、国内のあらゆる産業は概ね4社に向かって統合が進んできたのです。

商社はあらゆる業界再編の鍵を握っている

（2015年3月期末）

	総資産	ROE	純利益	純利益（2016年３月期見通し）
三菱商事	16.8兆円	7.5%	4006億	3600億円
三井物産	12.2兆円	7.7%	3065億	3300億円
住友商事	9.0兆円	―	▲732億	2400億円
伊藤忠商事	8.6兆円	13.4%	3006億	2300億円
丸紅	7.7兆円	7.3%	1056億	1800億円

また、日本国内の企業にとって、同一業界を４社が寡占している状況は、安定していて非常に居心地がよい状態になります。逆に、４社以上の企業が競争環境にある成熟業界は、再編がうまく進まず苦戦していることが多いのです。

小売業界と総合商社の資本関係

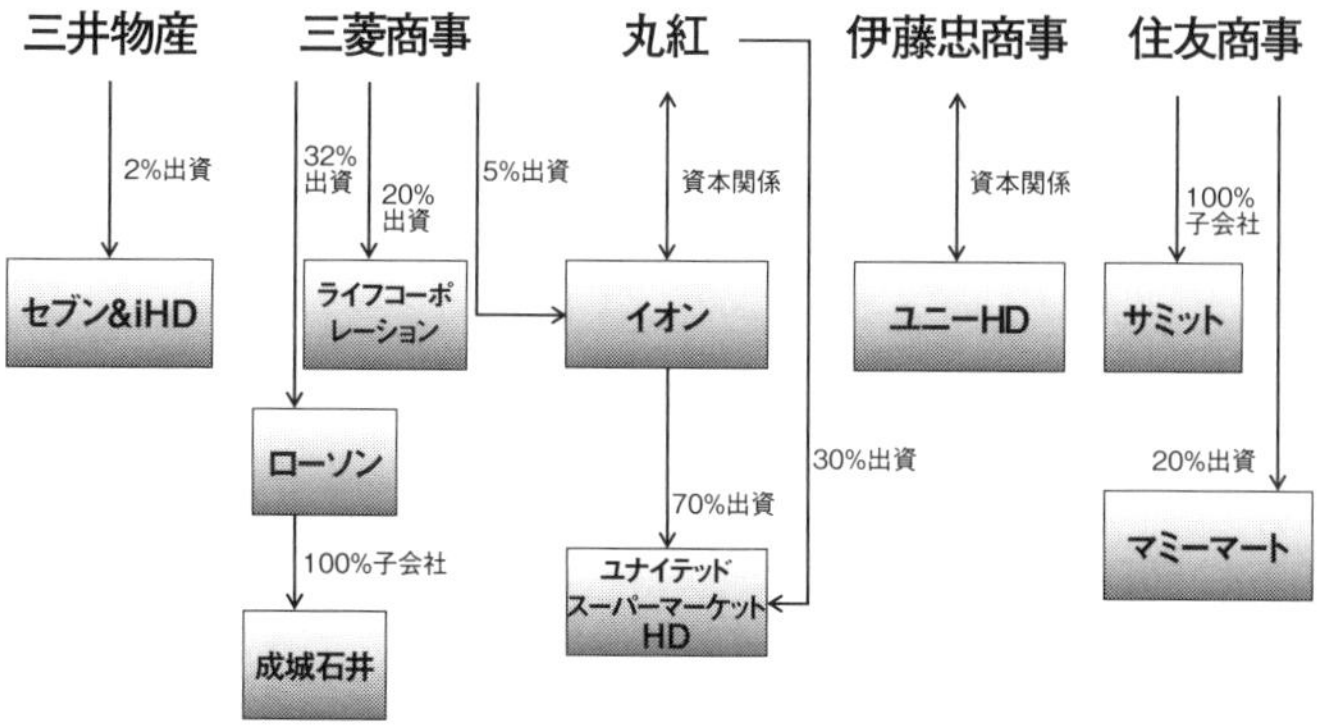

総合商社と大手銀行が「モノ」と「おカネ」の流れを決定づけている

銀行	三菱東京UFJ	三井住友	みずほ	りそな	
総合商社	三菱商事	三井物産	住友商事	伊藤忠商事	丸紅

【コラム①】〈卸売業から総合投資企業へと進化する総合商社〉

総合商社は、わずか5社にもかかわらず、M&A件数は業種別ランキングでトップ10に入っており、日本全体のM&A件数の2~3%を占めています。

総合商社は日本の企業の「バリューチェーン（価値連鎖）の歪み」を正し、産業全体の効率を上げることにも寄与しているだけでなく、業界再編の歴史の中で、総合商社自身は単純な卸売業から脱し、総合投資企業となっていきます。そして、総合商社の優秀な人材が投資先で活躍しているのです。

この20年間は総合商社の業績も良く、総合商社はプライベートエクイティ（投資ファンド）事業をスタートしています。資金を集めて企業を買収し、成長をサポートしたうえで、売却するのです。

丸紅は1997年からバイアウトファンドを設立し、プライベートエクイティ投資事業を始めました。三菱商事も2008年より丸の内キャピタルを立ち上げました。丸の内キャピタルは、三菱商事と三菱UFJフィナンシャル・グループの両社が共同で設立しており、総合商社の幅広い事業ネットワークと金融機関の広範な顧客基盤を組み合わせ、投資先企業の価値の創造を図っています。

たとえば、丸の内キャピタルは、「成城石井」を2011年に420億円程度で買収し、

2010年以降の業種別M＆A件数上位10

	2010		2011		2012		2013		2014		2015年1月—5月	
順位	業種	件数	業種	件数	業種	件数	業種	件数	業種	件数	業種	件数
1	サービス	218	サービス	212	サービス	206	その他金融	271	その他金融	416	その他金融	175
2	その他金融	161	ソフト・情報	169	ソフト・情報	204	サービス	254	サービス	315	サービス	132
3	ソフト・情報	147	その他金融	158	その他金融	186	ソフト・情報	214	ソフト・情報	250	ソフト・情報	110
4	その他販売・卸	128	その他販売・卸	128	その他販売・卸	141	その他販売・卸	119	その他販売・卸	126	その他販売・卸	65
5	電機	88	その他小売	91	電機	117	電機	118	電機	106	電機	46
6	総合商社	83	総合商社	86	総合商社	83	その他小売	87	その他小売	91	化学	40
7	その他小売	72	電機	80	その他小売	80	総合商社	77	化学	75	総合商社	36
8	化学	68	化学	70	化学	72	化学	75	不動産・ホテル	73	不動産・ホテル	30
9	機械	61	機械	52	不動産・ホテル	63	運輸・倉庫	67	総合商社	72	機械	28
10	不動産・ホテル	55	食品	52	食品	63	不動産・ホテル	64	食品	69	その他小売	28
総件数(件)	2,712		2,478		2,630		2,837		3,024		1,360	
商社/全体(%)	3.06		3.47		3.15		2.71		2.38		2.64	

参照：レコフMARR

総合商社のM&Aランキングは業種別ランキングで上位

総合商社はバリューチェーンを構築している

	原料	加工 製造	流通 販売
三菱商事	海外サプライヤー（主要12社を含む）	三菱食品 株式約60%保有	ローソン 株式約32%保有
三井物産	海外サプライヤー（主要14社を含む）	三井食品 100%子会社	セブンイレブン 株式約1.8%保有
住友商事	海外サプライヤー（主要2社を含む）	住商フーズ 100%子会社	サミット 100%子会社
伊藤忠	Dole社 2012年 約1,590億円	日本アクセス 2010年 株式93.8%保有	ファミリーマート 株式約37%保有
丸紅	ガビロン社 2013年 約2,800億円	日清丸紅飼料 2003年 株式60%保有	マルエツ 株式約29%保有

・金額は当時の買収価格
・他社資本が入っている企業は白色、年度は獲得年度
・出資比率については各社発表の2015年度アニュアルレポート参照

2014年に550億円でローソンへ売却したと推測されています。ローソンは三菱商事がダイエーから譲り受けた企業であり、まさにグループの総合力を見せつけた案件でした。

業界再編が加速する9つのキーワード

2015年は、「業界再編時代」の幕開けの年だともいわれます。「IT業界」「設備工事業界」「調剤薬局業界」「卸売業界」など、あらゆる業界で業界再編が活発化しているためです。

地方銀行の再編も本格的にスタートしていますが、すでに地銀の再編は数年前から予測されていたことでした。地方の企業数と人口の減少による貸出先の減少や同一モデルによる金利競争がもたらした収益の悪化、県域を越えた競合との戦いが続いており、現行のビジネスモデルのままでは継続は難しいとされていたからです。

そんな中で、以前の銀行の経営統合のように、不良債権や過小資本に悩む銀行を救済する目的ではなく、優良な地銀同士が積極的に経営統合して、ビジネスモデルの改革のための「強者連合」に向けた再編が急増しています。ようやく機が熟したといった印象です。

地銀の再編により、地方のお金とモノの流れが大きく変わります。結果として、地域での

地銀は再編されると長年いわれてきたが ついに動きが活発化してきた

年　代	総資産（単位：兆円）	新名称	銀行名
2004年９月	11.6	ほくほくFG	北海道銀行 北陸銀行
2006年10月	10.1	山口FG	山口銀行 もみじ銀行 北九州銀行（2011年10月開業）
2007年４月	15.6	ふくおかFG	福岡銀行 熊本銀行 親和銀行（2007年10月合流）
2009年10月	2.8	フィデアHD	北都銀行 荘内銀行
2010年４月	2.9	トモニHD	香川銀行 徳島銀行 大正銀行（2016年４月合流）
2012年10月	2.5	じもとHD	仙台銀行 きらやか銀行
2014年10月	4.9	東京TYFG	東京都民銀行 八千代銀行 新銀行東京（予定）
2015年10月	8.8	九州FG	肥後銀行 鹿児島銀行
2016年４月	17.4	未定	横浜銀行 東日本銀行

企業の再編も一層活発化することが予測されています。2015年が地方の業界再編時代の幕開けともいわれる所以です。

ところで、業界再編が起きる際、何か目に見える〝きっかけ〟はあるのでしょうか。

業界再編が加速するキーワードは、次の9点が挙げられます。

①成長期から成熟期への移行
②好景気
③不祥事
④規制改革
⑤規模の経済が働く業界
⑥大手統合
⑦異業種参入
⑧技術革新
⑨業界リーダーの決定

これら9つのキーワードを、再編の真っただ中にある「調剤薬局業界」を例にとって見ていきましょう。

調剤薬局は、市販薬を販売しているドラッグストアとは違い、医師の処方箋に基づき、薬剤師が薬を調合し患者へ渡す、いわゆる「薬局」のことです。厚生労働省の発表している2013年度版調剤医療費のデータでは、市場規模は7兆円となっています。2007年では5兆円程度だったため、急速に成長している業界です。しかしながら、調剤薬局は店舗数の拡大が続き、コンビニより多い約5万5000店もあり市場の飽和感が強まり、競争が激化しています。

①の成長期から成熟期への移行について。これまで医薬分業化や高齢化による薬の需要増、高い調剤報酬などを背景に、調剤薬局業界は右肩上がりの成長を遂げてきました。しかし、医薬分業の普及により、調剤件数や処方箋枚数の伸び率鈍化が顕著になってきており、改革を迫られていることが再編への圧力を強めています。

②の好景気であるという部分では、アベノミクス効果や2020年東京オリンピック・パラリンピック開催により、現在、日本は好景気の追い風を受けています。また高齢化が進む

日本において医療業界は、今後継続的に売り上げの増加が見込めます。

③の不祥事については、皆さんもご存知の衝撃的な事件が起こりました。2015年、大手ドラッグストアのツルハホールディングスの子会社で、薬剤師が記録しなければならない薬剤服用歴を記載しないまま、17万人もの患者に薬を出していたことが発覚した事件です。その後、大手調剤薬局のファーマライズホールディングスでも同様の不祥事が発覚しました。

④の規制改革では、2014年の調剤報酬改定で報酬率が引き下げられるという制度改革がありました。薬価差益の縮小、診療報酬の抑制など、調剤薬局においては、医療費削減によって経営環境が厳しくなることが予想されています。また、薬科大学が4年制から6年制へと移行したことも再編を進める大きなポイントです。

⑤の規模の経済が働く業界という点においては、グループの規模が大きくなることで薬の仕入れ値を安く抑えることが可能な業界です。大手グループは規模を拡大させることで徐々に価格決定力を握り、有利な状況ができ始めています。

企業再編が起こる要因

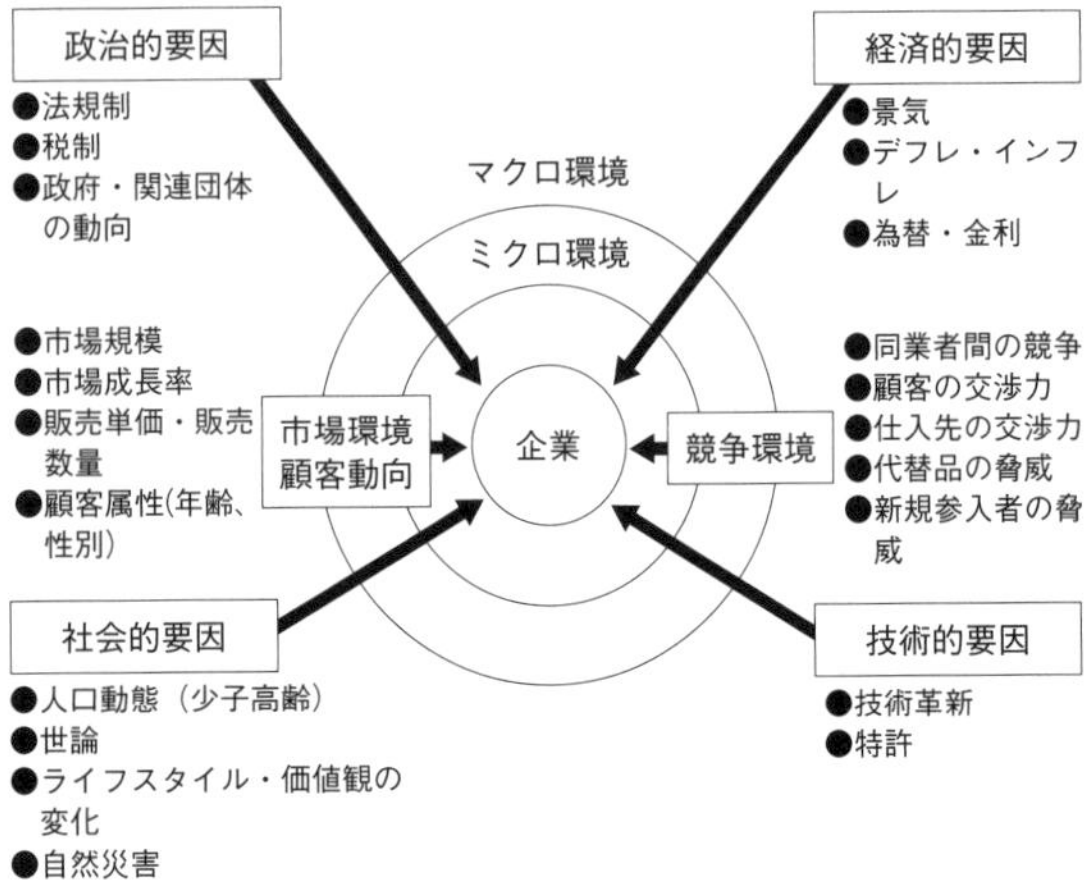

⑥の大手が統合したという部分では、トータル・メディカルサービスとメディカルシステムネットワークの上場企業同士の経営統合が調剤薬局再編の契機となりました。また2014年に起こった2つの統合が記憶に新しいところです。ドラッグストア6位のココカラファインと、調剤薬局5位のクオールが業務提携し、薬剤師など人材の相互活用や商品の共同調達などを進めました。それぞれの強みを生かした提携です。大衆薬や健康食品をそろえた売り場づくりに優れるココカラファイン。そして、クオールは薬局運営のノウハウを持っています。同年11月には、大手のアインファーマシーズと総合メディカルの業務提携など大手同士の提携もありました。

⑦の異業種参入についてはどうでしょう。大手薬局チェーンの出店加速に加え、医薬品卸やドラッグストアなどの隣接業種が調剤事業を強化してきています。商社やスーパーなど異業種からの参入もあり、調剤薬局業界は競争激化による再編・淘汰の時代に入りました。

⑧の技術革新においては、調剤アプリの登場で待ち時間の短縮が可能になりました。処方箋の電子化などIT化が急速に進んでいます。

⑨の業界リーダーの決定については、現在、業界の新しいビジョンを示すことができるリーダー誕生への機運が高まってきています。調剤薬局業界の上場企業は1年間に1社で10社以上のM&Aを実現しています。中小・中堅企業のオーナーは、新しいビジョンに賛同してグループ入りを決断しているのです。

以上のように、業界再編はこれら9つのキーワードが複合的に組み合わさって加速します。調剤薬局業界に限らず、どの業界にも再編は必ず起こります。再編の兆しを確認したら、絶好のタイミングで再編の波に乗り、M&Aによって「圧倒的高値の売却」と「会社の飛躍的成長」を実現する。これからのオーナー経営者に求められるのはその判断力と決断力です。

業界再編が避けられない3つの理由

日本の産業全体で見れば、業界再編はすでに避けることのできない時流となっています。中小・中堅企業のオーナー経営者の間でもM&Aという手法自体が一般化してきており、あらゆる業界で再編は加速度的に進んでいます。

では、業界再編が避けられない理由は何でしょうか。それは主に以下の3つによるものです。

①「人口減少」を乗り越える

企業は、「成長するパイ」ではなく「縮小するパイ」を奪い合う厳しい経営環境のもとで業績を伸ばしていかなければいけなくなります。そうした未来を見越して、企業同士は「奪い合う環境」ではなく、「より緊密に連携する」ことで、協力しながら前に進んでいくことがベストと考えるのが当然の成り行きです。

また、人口減少により労働者が減少していく中で、人材採用は企業にとってこれまでとは比較にならないほど重要なファクターとなります。独立行政法人労働政策研究・研修機構「平成18年度労働力需給の推計」によると、2030年までの労働力人口推移の予測を見ると、高齢者や女性の労働市場への参加が進まない場合、2010年から2030年までの20年間で労働力人口は13％減少するとのことです。

一般に新卒採用をはじめとした採用活動において、優秀な人材を確保するには、ブランド力があり福利厚生が整った大手企業が圧倒的に有利です。今後、中小・中堅企業にとって、大手企業との連携がキーワードになっていきます。

②成熟期を迎えた業界が次へ向かう必要性

日本の多くの産業はライフサイクルでいえば、すでに成熟業界、最終（衰退）業界になっています。産業が成熟してくると「次なる業界のビジョン」を掲げる必要性があるため、異業種間の枠を超えた再編も活発化していきます。

国内では集約化を進めて基盤を整え、海外に進出していく企業も増加していきます。海外にルートや拠点がない企業も、海外で一定以上の成果を出している企業と組めば一気に海外展開が可能となります。

製造業では、国内のみで生産している企業は、すでに海外進出している企業と組み、工場の一部を共有することで海外移転を進めています。

食品製造業では、人口減に伴って国内の消費量は「ジリ貧」です。特に日本酒製造の酒蔵などは、ここ数年で売り上げ半減といったケースも少なくありません。そうした状況を打開すべく、有名酒蔵が居酒屋チェーンとM&Aをした例もあります。それまで仕入れていた大手メーカーの大量生産の日本酒から、酒蔵の個性ある日本酒に切り替えたところ人気に火がつき、大きな相乗効果をもたらしています。

③インターネットの普及によるデータベースの構築

インターネットの出現は、あらゆる産業に影響を与えています。大手書店はアマゾンなどのECサイトにシェアを奪われています。スーパー業界では、ネットスーパーの出現。調剤薬局業界では、先にお話ししたように、処方箋のIT化。日常生活のさまざまな場面においてIT化は顕著です。

成熟産業でIT化を通じてシェアを伸ばし、顧客情報を獲得し、データベースを整備することができれば、そこからまた新しいビジネスを打ち出すことができます。データベースの構築化のためにも企業同士の連携・提携などが求められていきます。

以上の理由から、業界再編は避けられないということは、経営者であれば差し迫った危機感としてすでに十分実感していることでしょう。

では、業界再編は、どのように進められていくのでしょうか。次の項目で段階を追って説明していきます。

「50：70の法則」で業界再編は進んでいく

それぞれの業種のライフサイクルは、主に「導入期」「成長期」「成熟期」「最終（衰退）期」の4つに分けられます。事業規模の成長に伴い、市場のニーズや競合の状況は大きく変化します。経営者は、ライフサイクルに合わせた適切な意思決定が必要となります。

どの業界においても、上位企業のシェアが約10％になると「成長期」に入り、業界再編が始まっていきます。どこから始まるのかといえば、それは中小・中堅企業です。この段階では、大手企業が中小・中堅企業を買収したり、中小・中堅企業同士数社が合従連衡し、持ち株会社（ホールディングカンパニー）を設立してグループ化し、規模拡大・体力増強を図ります。「成長期」は売り手市場であるため、売り手企業の株価には高値がつくことが多いのが特徴です。売り手企業にとっては、まさに会社の「売り時」となります。

続く「成熟期」では、上位10社のシェアが約50％に達すると、大手企業が中小・中堅上位

国内企業　再編の歴史

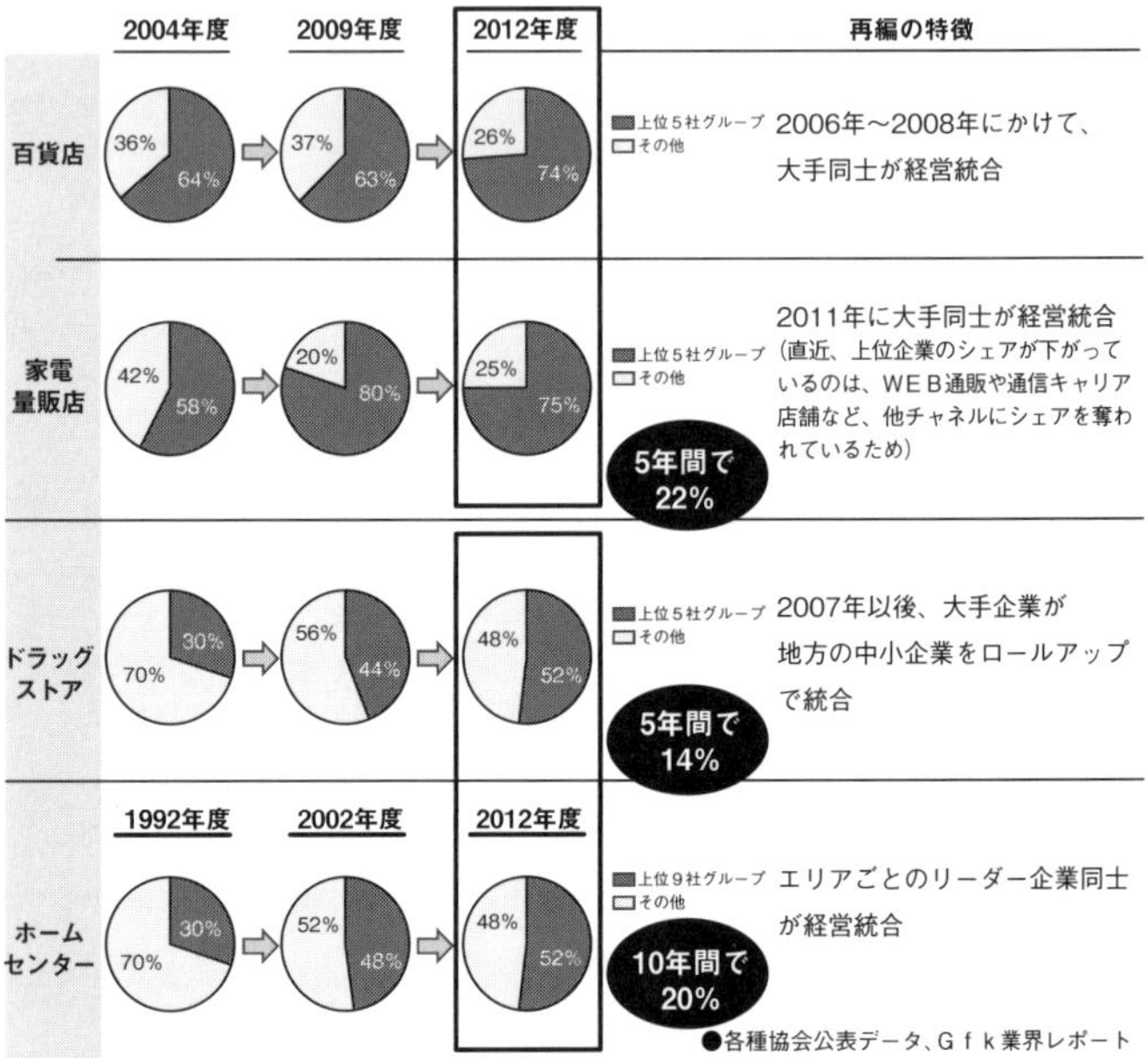

●各種協会公表データ、Gfk業界レポート

業界再編は『50：70の法則』が最重要！

成熟業界は上位４社がダントツ経営

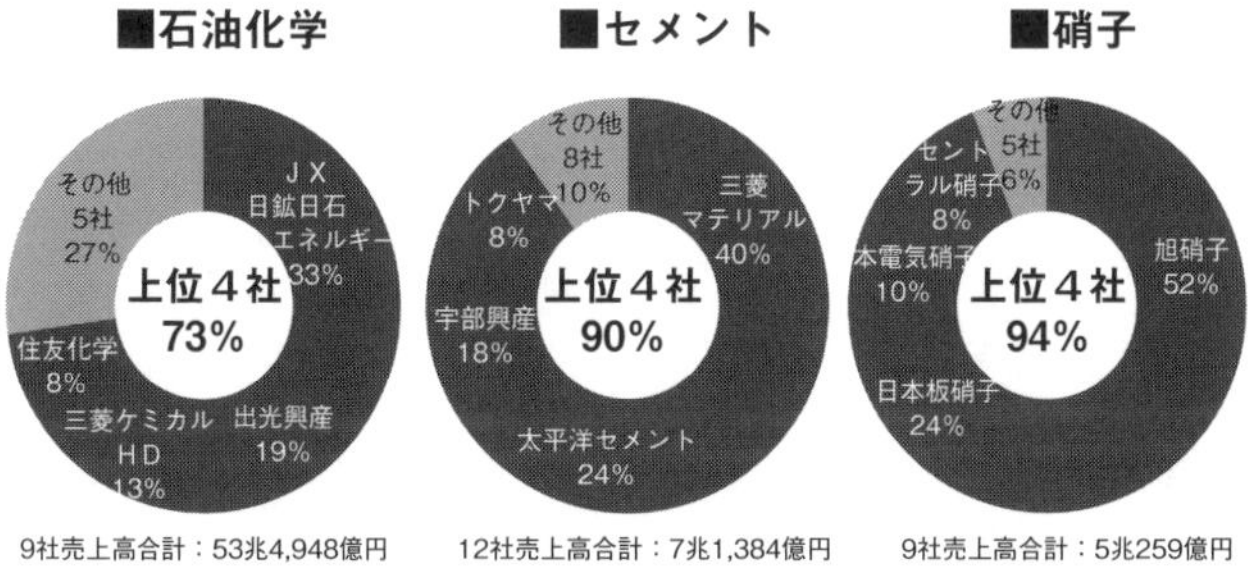

主要プレイヤーとして生き残るのは４社

出所：UZABASE SPEEDA 各業界指標比較

企業を買収したり、小売業界などでは地域ナンバー1クラスの中堅上位チェーンの再編が起こります。この時点で、業界再編はピークを迎えます。ピークを迎えるということは、この機会を逃すと売り時が過ぎ、買い手がつかないことを意味します。たとえば現在、スーパーマーケット業界やホームセンター業界が成熟期に突入していますが、もはや数店舗規模の地域チェーンは買い手がつかなくなっています。

そして、迎える「最終期」では、上位10社のシェアが約70%まで進むと、上位10社の統合が始まります。私たちはこれを「50：70の法則」と呼んでいます。

石油化学業界は上位4社でシェア73%。百貨店業界は上位5社でシェア74%。家電量販店業界では上位6社でシェア75%になっています。最終期で上位4社に集約され、約90%のシェアを占めることで、その業界の再編は完了します。セメント業界、硝子製造業界、医薬品卸業界などが現在この最終段階に入っています。

たとえば、現在のドラッグストア業界とホームセンター業界は、上位企業のシェアが約50%となっています。実際に2012年から2013年にかけて実行されたM&Aは、ほとんどの地域でトップの独立系の企業でした。また、百貨店や家電量販店業界は同業間での再編は、ほぼ終了したといえます。

なお、国内での再編が終了すると、大手グループは海外展開を目指したり、異業種業界への展開を進めていきます。たとえば、大手ドラッグストアなどはアジアを中心に海外への出店を加速させていますし、隣接業種である調剤薬局とのM&Aによる買収が盛んに行われています。

以上のように、業務規模の変化に伴った業界再編の過程を見ていくと、もはや業界再編は大手企業同士の買収合戦ではないことがわかると思います。

特に成長期において、業界再編の流れを一番初めにつくり出す源流となっているのは、優良な中小・中堅企業です。言い換えれば、日本の大手企業をつくり、底から支えてきたのは中小・中堅企業だと言えるでしょう。

すでに「成長期」や「成熟期」を迎えている業界にいる中小・中堅企業の経営者は、強者連合の仲間入りをする最後のチャンスが近づいてきています。

再編が始まった業界の中小・中堅企業のオーナー経営者が取るべき選択肢には、次の3つがあります。

1．企業買収を積極的に展開して業界再編をリードしていく
2．業界トップクラスの企業に売却してグループの一員として発展していく
3．地域の数社で集まってホールディングカンパニーなどで合従連衡していく

オーナー経営者は今まさに、会社や社員、自分自身にとっての最善の選択を決断することを迫られているのです。

【コラム②】〈業界再編の基本は強者連合〉

戦後、家電業界では松下電器がナショナルショップ制度を発足させて全国的な販売網をつくり上げました。もともとは地域家電店のネットワークとして、松下製品のみを扱う「ナショ

ナルショップ」と、他社製品も扱う「ナショナル店会」が全国に5万店程度ありましたが、現在は2万店以下に大幅に減少しています。

国内では、コンビニ、調剤薬局、歯医者なども5万店舗ほどありますが、店舗を構えるビジネスとしては5万店程度がもっとも競争が激化するラインといわれています。

一方で、チェーンストアは販売店として規模の拡大を図ることでメーカーに対抗してきました。それまで価格決定権はメーカーが優位であったのが、徐々に家電量販店が業界再編をリードし、M&Aを繰り返すことによって、価格決定権において強い力を持つようになっていったのです。

たとえば大手家電量販店のヤマダ電機は、M&Aによって全国展開を果たし、郊外型の「テックランド」、都市型の大規模店「LABI」のほか、傘下のベスト電器やマツヤデンキなどを含めて、グループ全体で国内に約4400店のネットワークと売り上げ約1・7兆円(2015年3月期見込み)を誇る圧倒的な存在となりました。M&Aによって力をつけたヤマダ電機は、メーカーに対しての価格交渉力を手に入れ、ひとり勝ちとなり家電量販業界の巨人ともいわれています。

ただし、家電量販店の場合は、売り上げを増やすために業績が悪化した企業を傘下に収めるケースも散見されました。業界再編時代においても、業績の悪い会社を買収することは決

家電量販店も４社に統合まで間近

（単位：億円）

2000年度	
社名	売上高
コジマ	5,080
ヤマダ電機	4,712
ヨドバシカメラ	4,128
ベスト電器	3,527
上新電機	2,738
ビックカメラ	2,506
デオデオ	2,470
ラオックス	2,141
エイデン	1,999
ミドリ電化	1,812

▶

2014年度	
社名	売上高
ヤマダ電機	16,643
ビックカメラ	8,298
エディオン	6,912
ヨドバシカメラ	6,515
ケーズHD	6,371
上新電機	3,723
ノジマ	2,440

してベストな選択肢でないことが明確となっています。今後のＭ＆Ａは、より優良な企業同士が再編する「強者連合」が基本となっていきます。

第2章

業績が絶好調で売却。業界再編時代のM＆Aの「ベストタイミング」とは？

業界再編は、あらゆる業界で起こりうることです。しかし、ただ自然現象的に企業の統合が行われていくわけではありません。企業同士が統合・合併するにはM&Aが必要となります。

M&Aについては、次章で詳しく説明していますが、これは「Mergers&Acquisitions」の略で、企業のMergers（合併）とAcquisitions（買収）を意味します。2つ以上の企業が合併して1つになったり、ある会社が他社を買収する企業戦略の手法のひとつです。

中小・中堅企業の事業承継

私はM&Aコンサルタントとして、これまで多くの中小・中堅企業の事業承継をサポートしてきました。たとえば、創業してから大切に育ててきた我が子同然の会社を病気が理由で手放さざるをえなくなったオーナー経営者。また、仕事ばかりで家族を顧みてこなかったが会社売却後の第2の人生は〝妻孝行〟に捧げたいとおっしゃるオーナー経営者など、さまざまな経営者と向き合い、寄り添ってきました。M&Aコンサルタントのひとつの役目は、経営者人生の最後の花道を飾る仕事、といっても過言ではありません。

大半のオーナー経営者は、長い期間不眠不休で人生を賭けて経営に携わっています。バブル期や右肩上がりの時代、資金繰りに苦しんだ時代や社員が離反したどん底の時期など、さまざまな喜怒哀楽、艱難辛苦を乗り越えて、会社のために一生を捧げ、企業経営を続けているのがオーナー経営者でしょう。

そして、経営者の最大で最後の難事業といえば、やはり「事業承継」です。

会社をいつ、誰に、どのような形で引き継ぐかは、どの経営者にとっても頭の痛い問題です。会社をどのような形で次世代に引き継ぐのか。それは、経営者にとって至上命題です。

せっかく苦労して育ててきた会社だから、なかなか手放せず、健康なうちは自分の手で経営を続けたいと思う経営者や、責任は十分果たしたことだし、引退して第2の人生を楽しみたいと考える経営者などそれぞれ様々な想いを持っています。

しかし、全国の中小・中堅企業のオーナー経営者は、事業承継をするうえで大きな問題を抱えています。それは、後継者不在問題です。

3分の2の中小・中堅企業に後継者がいない！

2014年の帝国データバンクの調査によると、中小・中堅企業の3分の2にあたる65・

4％の企業に後継者がいないという結果が出ています。これは中小・中堅企業の経営者だけの問題ではありません。日本経済にとっても、深刻な問題ではないでしょうか。

これまでの私の経験から言うと、後継者不在問題は主に次の4つの原因があります。

1．後継させる子供がいない。
2．後継者となる子供はいるが、すでに自分の仕事を持っているなどで親の会社を継ぐ意思がない。
3．子供に企業家精神がなく、力量不足のために会社を継がせられない。
4．経営者の器を持った子供はいるが、業界自体が古く斜陽産業のため会社を「継がせる不幸」になってしまう。

20年以上前までは、「息子に継がせる」のが一般的な事業承継法でした。しかし、息子がすでにどこかの企業に勤めていて会社を継ぐことが難しかったり、そもそも継がせられる子供がいないというケースが増えてきています。

日本が右肩上がりの高度成長期の時代は、経営者にとっては追い風でしたが、今後日本全体の人口減少は免れず、大きな成長が望めない時代を迎えます。このような厳しい時代に、

息子・娘に継がせる割合は43％に激減

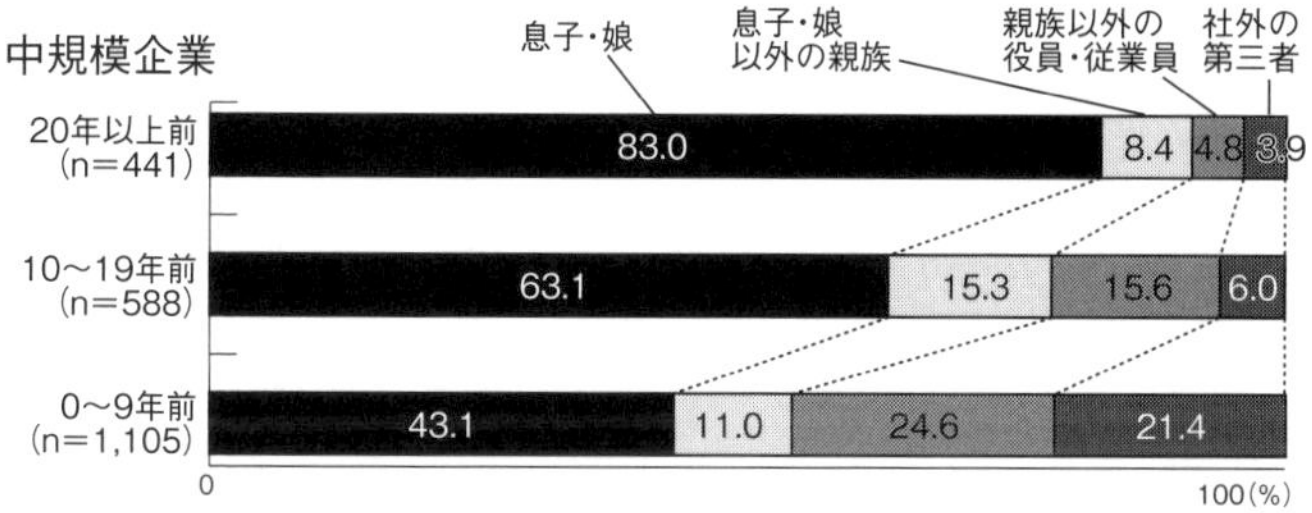

（出典）中小企業庁「中小企業白書（2013年版）」

息子が経営者として会社を上手く存続させていけるのかといった不安も伴います。

そこで、息子に事業を承継するのではなく、その代わりに大手企業へ会社を売却するM&Aが急増しているのです。メリットは、会社が存続すること。むしろ成長が見込まれること。社名はそのまま引き継がれること。社員たちの雇用が守られることです。成長・発展している優秀な第三者に、自分がこれまで行ってきたすべてを譲渡できるので、非常に理にかなった継承法といえます。

この事業承継M&Aを成功させるために重要なことは、なによりタイミングです。「後継者不在」や「業績のジリ貧」といった問題を抱えた経営者が切羽詰まった状態で会社を売却しようとしても、譲渡価格は本人が思うよりも低く見積もられることになります。

また、高齢になって慌てて事業を譲渡する際のM＆Aは、戦略に乏しく、大抵の場合、残念ながら売り時のタイミングをすでに過ぎてしまっています。数年前までは業績は好調だったのに、いざ引退しようと思った時には会社の成長性は失われ、M＆Aの対象にもならないという事例はよくある失敗例です。

優良企業の経営者はなぜ50代でM＆Aを決意するのか？

経営者の皆さんは、目の前の課題を解決することで頭がいっぱいで、事業承継の問題を後回しにしてしまう方がほとんどです。しかし、60歳、70歳になってからでは遅すぎます。売却後の第2の人生も、自分のイメージどおりに過ごせなくなってしまいます。

事業承継M＆Aは、なによりもタイミングが重要です。

最近では50代の若いうちにM＆Aを積極的な経営戦略として活用している経営者が増えてきています。M＆Aに対する以前のようなマイナスイメージは、今や過去のものです。

優良企業の50代の経営者は、創業時からすでに売却を念頭に入れた経営を行い、業績がもっとも好調な時期に会社の売却の準備を行い、業界の動向を見ながら絶好のタイミングを逃さず高値で会社を売却して成功を収めています。この「タイミングをつかむ」という意味で業界再編の状況を把握しておくことや経営者としての感性を磨くことは非常に重要です。

急増する積極的かつポジティブなM&Aによる事業承継

経営者のひとつの目標は、IPO(新規公開株)だといいます。IPOは「ゴールではなくスタート」と表現されるように、「信用力」や「資金」が手に入り「事業承継」についても連帯保証の必要がなくなります。しかし、将来の経営の道筋をつけることができるものの、IPOと同時にすべての問題が解決するわけではありません。また、オーナーは株式を市場ですぐにすべて現金化することも困難です。一方、M&Aによって大手企業のグループ入りをする場合は、「信用力強化」や「資金調達」に加え、「株式の現金化」もでき、M&Aと同時に自身は経営から手を引いて、譲受先の企業から経営者を派遣してもらうこともできるなど、一気に多くの問題を解決することができます。そういったことからM&Aを「プチ上場」と表現することも多いのです。IPOが自力成長だけであるのに対して、M&Aによる大手企業のグループ入りは譲受企業との事業上の相乗効果(シナジー)もあり、IPOよりもM&Aのほうが、株価が高くなる傾向にあります。

数年前は、「IPOすることが目標だった」という経営者の話を聞くことが多くありました。

M&Aによる大手グループ入りのメリットはIPOを凌ぐケースも

	信用力	資金調達	株式の現金化	事業承継
M&Aによる大手企業へのグループ入り	◎	◎	◎	◎
IPO	◎	◎	▲ IPOの場合、すぐに現金化できる訳ではない	▲ IPOの場合、社長がここからがスタート

しかしここ数年間、「創業時から事業承継のことを考えており、M&Aで会社を売却するつもりでいました」といったオーナー経営者が確実に増えています。つまり、積極的かつ前向きにM&Aを考えており、事業上のシナジーを見込んで極めて戦略的に売主が主体でM&Aを実行しているのです。

M&A業界は、以前は買い手が「仕掛ける」ことが多かったのですが、今や「売主から仕掛けるM&A」へと移り変わってきています。この積極的かつポジティブなM&Aによる事業の承継も最近のM&Aの特徴です。

【コラム③】〈No.2の社員や外部からの社長を迎え入れても事業承継は完成しない〉

子供や親族に後継者がいない場合は、企業のオーナー経営者はどうするのでしょうか。次の2つの選択肢が残ります。

ケース1　No.2の社員に継がせる
ケース2　外部から社長を迎え入れる

それぞれのケースについて見ていきましょう。

ケース1のように、腹心の有能な部下を後継者に考えるのは当然の成り行きです。しかし、ここには大きな問題が存在します。株の引き継ぎ問題です。

No.2の社員や役員がオーナー社長の後を継いで「雇われ社長」になることには何も障害はありませんが、「株式を買い取る」、つまり「オーナー経営者になる」となると話は別です。中小・中堅企業とはいえ年商数億円ともなれば株価は億単位にのぼります。それだけの資金を用意できる社員が果たして存在するでしょうか。

また、未上場企業においてNo.2といわれるメンバーの多くは、創業者と同年代であることがほとんどです。65歳の経営者が60代のNo.2に会社を継がせたとしても、5年後には同じような事業承継問題が発生し、問題の根本的な解決には至りません。

株式を社員（No.２）に継がせる際の問題点

① 借入金の連帯保証の問題

② 株式の買い取り（＝億単位の資金が必要）

③ No.２の経営能力（創業社長とは大きく違う）

＊「株（＝資本）」を引き継ぐ（買い取る）ことと
「経営（＝社長）」を引き継ぐことは別問題

さらには金融機関への債務保証や担保の差し出しの現実があります。

株式を安く譲渡したいと考える経営者もいますが、この場合、多額の「贈与税」がかかってくることを忘れてはいけません。

次にケース２の外部から社長を迎え入れるという選択はどうでしょうか。株式を買い取れないという問題はケース１と同様です。

さらに、外部招へいの社長は多くのケースが失敗に終わっています。以前、相談をいただいた案件で次のようなことがありました。

オーナー経営者の息子さんが会社を継がないことになったため、大手企業で取締役を務めた経験のある人物を社長候補として迎え入れることにしました。しかし、結果として失敗に終わりました。

理由は、会社の文化や社員たちの考えを無視して、大手企業で成功したやり方や論理を押しつけ、自分からは汗をかこうとしないタイプだったからです。社員たちからの信頼も得られず、彼は会社を去っていきました。大手企業で優秀だった人物が中小・中堅企業を切り盛りしていけるとは限らないのです。

M&Aでの会社売却はネガティブなものではない

セミナーなどで、業界再編の波に乗った積極的でポジティブなM&Aが急増している現実をお話ししても、「うちの会社は業界再編には関係ない」と思っている経営者がまだまだ多くいらっしゃいます。

しかし、業界再編型のM&Aは中小・中堅企業の経営者にとって避けて通れないものです。なぜなら、次のような2つの理由があるからです。

1つめの理由は、歴史から見ても、あらゆる業界で再編は起こり、大手企業だけではなくいずれ中小・中堅企業も否応なくその波に巻き込まれていくからです。

この流れは一度動き始めたら止まったり、逆戻りすることはありません。現在、アベノミクス効果や、2020年の東京オリンピックを控えて景気は上向きといわれますが、果たして、どれくらいの中小・中堅企業が好景気を享受しているでしょう。また、日本全体としてはすでに成長期を終え、成熟期に突入していることは、皆さんもご存知でしょう。

成長期では多くの起業家が会社を興して、高度成長期の日本経済を支えてきました。特に団塊世代は人口が多く、会社経営をしている人の数も多くいます。現在、団塊世代は70歳を目前にし、世代交代の最終段階にきています。今、この世代の経営者が大量に引退することにより、業界勢力図が激変しようとしています。

また、業績が右肩上がりの成長期は「変えないこと」が求められた時代でもありました。しかし、これからの少子超高齢化社会では人口は減少していきます。内閣府の発表によると、我が国の総人口は、今後、長期の人口減少過程に入り、東京オリンピックが終わった6年後の2026年には、人口1億2000万人を下回ります。そして、2060年には日本の人口は8674万人になると推計されています。

このような状況から、日本は業界構造を変えるか、新ビジネスを開拓していく必要性に迫られているのは明白です。これまでと同じやり方では大企業ですら「じり貧」となるのは目に見えており、若くて優秀な中小・中堅企業のオーナー経営者たちは、今、新しい方向性へと進み、見事に成功を手中に収め始めています。

このような賢いオーナー経営者たちの事業承継のファーストチョイスは、もはや身内ではありません。第三者への譲渡、つまりM&Aが主流になります。当然、事業承継の年齢ギリギリの「土壇場でのM&A」などではなく、発展的で極めて戦略的なM&Aによる株式譲渡が積極的に行われています。

経営者の本分は、会社を持続的に成長させていくことにあります。身内に事業承継することで、それが継がせる不幸となってしまい会社が落ちぶれていく姿を見ることになるなら、優秀な第三者、つまり業界の強者・勝者に譲渡するのが最善の選択だということを経営者はDNAレベルでわかっているのです。

2つめの理由は、業界再編時代のM&Aでは、オーナー経営者には多くのメリットがあることです。

業界再編時代のM&Aでオーナー経営者が手に入れる8つのメリット

業界再編時代のM&Aには、中小・中堅企業のオーナー経営者が抱えるさまざまな悩みを解決し、多くの利益をもたらすメリットがあります。再編が真っただ中の業界ではまさに「売り手市場」ですから、経営者に次のような好都合な条件がそろいます。

①会社の株式を高値で売却できる
②条件の良い優良企業と組める
③自分が主導権を持って交渉を進めることができる
④事業承継問題を解決できる
⑤創業者利益を確保できる
⑥金融機関への個人保証や担保から解放される
⑦事業継続により社名が残せる
⑧社員の雇用が維持される

このように、多くの難問がクリアできるメリットがあり、売り手企業の社長は創業者利益を手にすることもできるので、引退して第2の人生を謳歌することも、新ビジネスを立ち上げることも、いずれの選択肢も可能となります。

また、M&A先の大手グループの一員として傘下に入り、子会社の社長として経営を続けることもできますし、経営幹部として親会社に迎え入れられ、業界を改革しリードしていく側の人間になる道もあるのです。

【コラム④】〈M&A後は社員の離職率が下がる?〉

中小・中堅企業のオーナー経営者にとって、会社の売却相手が一部上場企業だとしても、さまざまな不安を覚えるのが普通です。一番多く挙げられるのが、環境が変わったことで社員が辞めてしまわないかという懸念です。

ところが、そうした心配をよそに、中小・中堅企業のM&Aでは「離職率」はオーナー経営者が経営していたときに比べて下がるのが一般的です。M&Aをきっかけに退職する社員はほぼ皆無なのです。

オーナー経営者からは、「自分が辞めると、これまで自分を慕ってついてきてくれた社員はM&Aを機に会社を辞めてしまうのではないか」という相談を受けることが多くあります。しかし、実際には前述のとおり、むしろ逆で、「杞憂に終わりましたね」といつもお互い笑って話します。オーナー経営者にとっては買い手企業のもとで社員が辞めずに生き生きと働いてくれるというのは、非常にうれしいことです。半面、少し寂しいことでもあるようですが……。

M&Aによって売り手企業と買い手企業は、結婚と同様、一体となります。妻が結婚生活に満足し幸福であれば、夫も同様に幸福なはずです。M&Aにおいても、片方だけが成功し、片方は失敗だったということはまずありえないのです。

M&Aの現場を知らない人は驚くかもしれませんが、M&Aによって買収した先の社員が親会社の代表や役員になるといった事例もよくあります。その理由は、親会社の一社員よりも売り手である中小・中堅企業で修羅場をくぐり、リーダーシップを発揮してきた「経営人材」は、買い手企業でも重宝されるからです。

好機を逃さない経営者の選択と決断のタイミングとは？

前述したように、会社のベストの売り時は、各業界が業界再編の波に乗った「成長期」から「成熟期」です。逆にいえば、この時期を逃すと、会社を高値で売却することも、理想の買い手企業に出会うことも、自社に有利な条件を引き出すこともかなり難しくなってきます。

では、このタイミングを逃さないようにするにはどうしたらいいのでしょうか。

業界再編の波に乗り、タイミングを逃さず強者連合に仲間入りを果たした勝ち組経営者の体験から、成功するM&Aの条件を見ていきたいと思います。

株式会社高階誠心堂を経営する高階豊晴さん（当時56歳）は、熊本県の中堅都市で地元密着型の調剤薬局を3店舗経営していました。創業は昭和の初期。もともとは祖父が立ち上げた薬局を父親が引き継ぎ、3代目の高階さんが調剤薬局を始めました。

そこで、決算書の読み方を勉強して、ニューズレターを書いて配信するなど、地道な企業努力を行ったようですが、なかなか効果は得られなかったといいます。ところが時が経つにつれ、「調剤バブル」に乗って、着実に売り上げは伸びていきました。

高階さんは自分の親から「会社を継げ」と言われたことはなかったそうです。そのため、息子さんと娘さんには会社を継いでほしいとは言いませんでした。また、引退した80歳過ぎのお父さんが、とうに50歳を過ぎた高階さんのことを心配している姿を見ていたので、自分は子供にそんなことはしたくないと思ったのが一番の理由だったそうです。それに子供たちには、帰らなければいけない場所がある、という束縛を強いたくなかったそうです。

だから、M&Aで会社を売却すると決めたとき、薬剤師を目指している娘と息子には、真っ先にこう言いました。「お前たちが帰ってくる場所はない。自分で生きる道を考えろ」と。

そんな高階さんがM&Aを考えたきっかけは、〝会社を変えたい〟という動機からでした。優良な企業があるなら、1億円くらい投資して事業を拡大しようかと、当時は真面目に考えていたことから、私が講師をつとめるセミナーに参加されました。

しかし、セミナーで話を聞くうちに「自分は買う側ではない、間違いなく売る側だ」ということに気づきました。真剣に今すぐ会社の売却を考えなければ、今後は生き残れない側の会社になってしまうという危機感に迫られたといいます。

それは、会社を売る側になって考えてみれば当然のことでした。売上高が数百億円規模の企業と田舎町の3店舗経営の会社、どちらに自分の会社と社員たちの未来を託そうと思うのか？　答えは明白です。

日本M&Aセンターでは、相談者で希望される方には会社の株価を算定しています。数十年かけて築いてきた会社が、どう評価されるのか知りたいと思う経営者は多く、高階さんも希望されたので株価を算定しました。

数字を見た高階さんは、「正直なところ、これは低いな」と思ったようです。帰宅して奥様に「この話は、もう終わりだ」と伝えたそうです。

多くの経営者は、やはり自分の会社を過大評価するものです。それに、この算定は正確なものではなく、あくまでも簡易な算定方法で割り出したものです。実際のM&Aでは業界の状況や買い手候補の会社の状況などで売却額は大きく変わってきます。業界再編のベストタイミングで売却すれば金額は上がりますし、買い手候補企業の戦略上、重要な地域の会社などにあてはまれば売却額は跳ね上がります。

実際、調剤薬局業界は再編が始まっており、今が好機ととらえた我々は、すぐにお相手候補の企業300社をリストアップ。その中からさらに厳選したお相手20社のリストを高階さんに提示しました。すると、高階さんは大変驚かれたようでした。田舎町の自分の会社に全国から300社もの会社が興味を持ってくれた。自分がこれまでやってきたことが認められたのは、素直にうれしかったとおっしゃっていました。そこで、正式にM&Aの検討に入っていったのです。

高階さんからの絶対条件は、お相手は大手であることでした。究極の目標は、会社と社員の未来を守ることでしたので、これからも安定した経営と成長を続けられる大手でないと意味がないということでした。

これは正しい選択です。というのは、これから競合・淘汰の時代に突入すれば、中堅クラスの会社は経営が厳しくなっていくからです。高階さんは、お相手が中堅クラスしか出てこないようなら、自分なりに小さいまま経営していこうという考えでした。現状、経営に関しては特に問題はなかったからです。

果たして、最終候補として挙がったのは阪神調剤ホールディング株式会社(以下、阪神調剤薬局)という大手の調剤薬局でした。

じつは高階さん、このときはまだ不信感のほうが強かったそうです。「こんな大手が……しかも、かなりいい金額を提示してくれた。一体、何が目的なのか?」と訝しく思ったからでした。しかし、単純な株価の算定額からでは考えられない条件が提示されるのが業界再編時代のM&Aなのです。

さて、M&Aの実務に関しては第3章で解説しますが、両社の条件が合えば売り手と買い手の企業のトップ面談をします。ここで初めてお互いが顔合わせをするのです。

このとき、高階さんは阪神調剤薬局の岩崎裕昭専務にお会いし、「この人たちとならうまくやっていける」と感じたといいます。こうした経営者としての直感は、会社を経営している方なら皆さん経験があるのではないでしょうか。かの有名なアップル社の共同創業者、故スティーブ・ジョブズ氏も、「一番大事なのは、自分自身の心の直感に従う勇気を持つこと。不思議なことに自分の心と直感というものは、自分が本当になりたい姿をわかっているものだ」と言っています。確かに、私の今までの経験でも、トップ面談でお互いにいい印象を持ったM&Aは、ほとんどが上手くいくものです。

ところで、高階さんが最終的に決断したのは2つの理由からでした。

ひとつは私のセミナーで紹介しているM&Aの成功事例集の中に、高階さんの同級生の会社が掲載されていたこと。高階さんの会社より、はるかに大きい会社がなぜ売却に至ったのか、その理由を直接本人に聞いて納得したそうです。それは、大手グループの一員となり強者連合をして、さらに会社を成長させたいという理由から会社を売却したというものでした。

もうひとつは「これから調剤薬局は寡占化で経営が厳しくなっていく。コンビニやドラッグストアで起きた業界再編が、調剤薬局業界でも起きないのは不自然だ」と感じたからでした。これについては、のちほど解説しますが、私がセミナーなどを通して必ずお話しすることです。高階さんの決断は、まさに業界再編の渦中でベストタイミングをとらえたものでした。

その後、交渉や手続きは順調に進み、最終契約の調印式を終え、高階さんは阪神調剤薬局の仲間入りをすることになりました。2013年の6月に相談してから12月の調印式まで、およそ半年間という短期間での成約でした。あまりのスピードの速さに、現実感のないまま最終契約に至った、とは高階さんの感想です。調印式を終え、決済の日の午前中には口座に資金が振り込まれ、その日は奥様と大阪の寿司屋でお祝いをされたようです。奥様のおかげで会社を続けることができたし、M&Aを進めるときも常に応援してくれたのは奥様だったとのことです。多くの経営者にとって奥様は会社を経営するうえでもかけがえのない存在です。

こうして高階さんは会社の株式を手放し、代わりに一流企業のサラリーマンや経営者でも生涯手に入れることができないような創業者利益を手に入れました。オーナー経営者ではなくなりましたが、大手グループの傘下に入ることで子会社の社長になったのです。

資本と経営は別という新戦略

オーナーであること、親族で資本を所有することにこだわる経営者の方もいらっしゃいます。しかし、もはや今はそうした時代ではありません。資本と経営を別に考え、将来を見据えて戦略的に、優秀な〝経営のプロ〟と手を組む。そうした経営判断が大切です。

高階さんの会社は店舗もそのまま、店名も変わらず、社員も全員そのままの待遇で雇用が維持されました。1年半以上が経ちましたが退職する社員は1人もおらず、社員全員から「社長、今までと何も変わっていないけど、本当にM&Aしたのですか？」などと言われるそうです。

現在は毎月1回、芦屋にある阪神調剤薬局の本社で〝社長会〟が開かれ、高階さんも出席しているそうです。これは、高階さんのように会社を売却した後、子会社の社長として経営を続けている数名の社長たちとホールディングの取締役とで行う報告会をかねた会議だそうです。

この場では、今後の将来に向けたビジョンに沿った話し合いが行われるそうで、高階さんにとってはワクワクし、胸が躍る時間だといいます。「田舎町の経営者1人では到底見ることのできない未来への展望が詰まっているから」と高階さんは言います。

M&Aによって会社を売却した最大のメリットについて高階さんは言います。「毎月の試算表の数字が右肩上がりに良くなっていることです。うれしいのはもちろんですが、数字に追いかけられなくなって気が楽になったのが正直なところです」。

M&Aを経験したことのない経営者は、売り手と買い手の間に利益相反があると思っているかもしれません。しかし、それは大きな間違いです。M&Aは、両社の相乗効果を高めるものです。でなければ、わざわざ親子会社になる意味などありません。実際、高階さんは本社からの後押しもあって、4店目を新規開局しています。

「M&Aをせずに自身で経営を続けていたらリスクを恐れて、もしかしたら新規開局の決断はできなかったかもしれない」と高階さんは言います。

売り手と買い手の双方がシナジー効果によって発展していく、それが業界再編時代のM&Aなのです。

もうひとつ、高階さんが手にしたものがあります。それは「安心感」です。もちろん、まだまだ社長として5店目、6店目の開局も狙っているそうですが、会社と社員が安泰で、「これでいつでも引退できる」という安心感を手に入れたことは大きな収穫だったようです。余談ですが、阪神調剤薬局の岩崎専務が雑誌のインタビューで、「グループ会社の社長さんたちは、当社の大切なお客様だ。阪神調剤薬局を選んで、会社を任せていただいたのだから、この期待を阪神調剤は絶対に裏切ってはいけない！」と書かれている記事を読み、高階さんなどのグループで働く元オーナー経営者は、本当にうれしい一言だったとコメントされております。

【コラム⑤】〈資本と経営は別という考え方／親会社の役員になるという道〉

多くの中小・中堅企業の経営者は、資本（株式の保有）と経営（代表であること、社長であること）が同じ人間がすべきものだと混同しているケースが多いものです。確かに、中小・中堅企業では、株主は社長1人というケースが大半です。しかし、資本と経営は、分離することができるのです。

たとえば、自社の業界が再編のピークに近づいてきたのであれば、まず資本（株式）は大手企業に売却（株式を譲渡）します。経営を自ら続けたい場合は、子会社となった会社の社長や役員として経営に専念することもできます。大手のグループに入ることで、経理、採用、システム、仕入れなど任せたほうがよいところは親会社に任せて、自身は今までと変わらず地域経済に貢献するという方法です。このやり方であれば事業承継の道筋がつけられ、いつでも引退できる準備も整えられます。

実際、50代でM&Aを実行した優良企業のオーナー経営者の半数は、引退をせず経営者として活躍しています。ある程度の年数を経営維持してきた会社は、すでに優良企業であり、完成状態を迎えているものです。このような優良企業のオーナー経営者は、もう一段上を目指し、資本は大手に売却して経営のサポートを受けながら、さらなる成長に向けて進むというシナリオを描くのです。起業した頃のビジネスの夢を最後に叶えたく、大手企業に譲渡して経営を続ける経営者も多くいらっしゃいます。

そうしたオーナー経営者の中には、親会社の担当役員になっているケースも多々あります。売り上げ10億円規模の企業を数百億円規模の企業に売却し、現在は3000億円規模に成長した企業の役員となり会社を取り仕切っているケースや、数年前に40代で福岡にある企業を売却した後、買い手企業の九州全域統括を担当することになった経営者の事例もあります。

現在では、30代、40代でも資本にこだわらず大きなビジネスをしたいという経営者は、大手企業への売却を続々と決断しているのが現状です。

業界再編時代のM&Aの特徴と成功するための5ポイント

高階さんの事例は業界再編時代のM&Aをまさに体現し、多くのメリットを手に入れることができた好例といえるでしょう。

ここでは、高階さんの経験からM&Aの成功に至るプロセスを、ひとつずつ整理をして見ていきましょう。

1．M&Aについて学ぶ

高階さんは、特に何の問題もなく、地元の名士として80年以上続く老舗の会社の経営をしていました。しかし経営者としてのDNAともいうべき〝会社を成長させる〟〝会社を変えたい〟という2つの思いからM&Aについて学ぶためにセミナーに参加しました。変化の激しい時代だからこそ、守りに向かわず、攻め続けるという姿勢と情熱は経営者にとって大切な資質でしょう。

2．会社の現状を把握する

自社の株価を算定し、正確な企業価値を知ることはとても大切です。客観的に自社の状況を把握し、その上でさまざまな戦略を実行すべきです。

また企業の譲渡を検討していても、株価が思うような数字ではなかった場合、「これから頑張って会社の業績を上げて株価を良くしてからM&Aを検討する」という経営者がいます。しかし、従前のやり方で本当に業績を飛躍的に上げることができるのでしょうか。答えはノーです。

経営者は日々、会社を良くしようと努力しているはずです。その努力にもかかわらず、業績が下がっている会社は現に存在しますが、その会社が業績を1、2年で大幅に回復できる例はほとんどありません。大抵の場合、さらに悪くなってから駆け込み相談にいらっしゃるケースがほとんどです。また業績が良くとも20年、30年と経営してきた会社の価値は1年でそれほど大きく変動するものではないのです。

高階さんは当初、買い手としてセミナーに参加しました。しかし、M&Aの現実を知って自分は売り手なのだということを認識しました。まずは専門家の株価診断を受けて会社の現状を把握し、的確な判断をすることが重要です。

3. 業界の現状を知りタイミングを逃さない

会社の株価が、自分が思うよりも低いと感じた高階さんは一度M&Aをあきらめます。しかし、高階さんの会社に興味を持った会社が、全国に300社もありました。

これほど多くの会社が高階さんの地元密着型の調剤薬局に興味を示した理由はどこにあるのでしょうか。高階さんの調剤薬局の業績が安定していたことはもちろんですが、調剤薬局業界が再編真っただ中で売り手市場のピークにあったため、買い希望が殺到したのです。

しかも最終的には、算定していた株価よりもはるかに高い数字を買い手企業が提示しました。これは絶好のタイミングを逃さなかった高階さんの勝利といえます。

もし、あのとき高階さんが単なる「数字」だけを見て判断をしていたら、会社の「本当の価値」を知らずに、数年後は業界再編の波にのまれて苦しい経営をしなければいけないことになっていたでしょう。

4．株式の所有にこだわらない早めの決断

若いうちから準備を始めて、M&Aを戦略的な経営手段として活用している経営者が増えています。彼らの特徴は、株式の所有にこだわらないこと。そして、年齢は若い50代以下であるということです。高階さんも50代半ばでした。

彼らは、会社を「私物化」しない柔軟性を持ち、より「パブリック」な視野で自社の未来

を見据えています。つまり「資本を持つ」ということと「経営をする」ということを分けて考えているのです。

再編の波の中で規模の二極化が進むと、大手は「経営のプロ」、地方の中小規模店は「地域密着のプロ」として、それぞれの役割を担っていくことになります。

その中で自社の未来をどう判断するか。経営者としての先見性が問われる局面が、あっという間に目前に迫ってきます。だからこそ、「自分の年齢」という明確な数字でわかる事業承継のタイミングに加えて、業界再編の状況も視野に入れていただくようお勧めしています。迷っているうちに業界再編のピークは過ぎ去ってしまいます。そのスピードは、経営者が考えているよりもはるかに速く進んでいきます。タイミングをほんの少しでも逃せば、あとはじり貧になっていくのを待つだけ、といった可能性は非常に高いのです。

5. 会社と社員の未来を考える

何のためにM&Aをするのか? これは経営者にとっては、経営における本質的な問題かもしれません。感性の問題だととらえる経営者も多くいらっしゃいます。会社を高値で売却することは、もちろん大切なことです。しかし、これまで私たちが携わってきたM&Aの経験から言うと、「高く売りたい」と思ったからといって満足のいく結果が得られるとは限りません。むしろ、「社員のため」と考える経営者の会社は優良企業であることが多く、結果的に高値で譲渡されていくという現実があります。

大手企業の子会社になったからといって、経営者や社員が差別されたり低く見られたりするといったことはありません。そうした態度をとる会社には、そもそも私たちM&Aコンサルタントは売り手企業の情報を持っていくことはありませんし、売り手企業の信頼を得られずM&Aが成約することもありません。成功する買い手企業は、売り手企業への敬意を持ち、社員を大切にする会社です。

譲渡されたオーナー経営者自身が嫉妬するほど、社員が大手グループ入りしたことに満足しているというケースはたくさんあります。また、社員が実力を認められて重要ポストに抜擢されるケースも増えています。それは、経営者にとっては複雑な心境ですが、従業員の未来を守るという経営者の責任を果たした証拠ともいえます。

つまり、売り手も買い手も社員を大切にする会社こそが本当の成功者であり、そうしたM&Aを実現できる経営者こそが勝者といえるのです。

高階さんは業界再編の波に乗って大手グループの一員となることで、高額な創業者利益を手にすることができました。銀行への連帯保証と担保からも解放されました。そして、社名と社員の雇用の維持が保証され、親会社からは引退することなく経営者として請われ、さらに会社の規模を拡大し、成長を実現しています。

これこそが業界再編時代の絶好のタイミングを逃さないM&Aの成功例なのです。

【コラム⑥】〈売り手企業の経営者が大切にするのは〝戦略に勝る情熱〟〉

今まで一般的に語られてきた業界再編やM&Aは、主に買い手企業の目線で語られてきました。しかし実態は、売り手企業目線で語るべきことのほうが多いのです。なぜなら、多くのケースで第一に「会社を売却する」ことをオーナー経営者が決断し、どの買い手企業と一緒になるべきかをオーナー経営者が考え、再編がスタートしているからです。

優良な中小・中堅企業のオーナー経営者は、業界に対するビジョンや熱意を持っていることが多いものです。日本においても経営者のM&Aの認識が高まり、考え方が成熟してきています。何代にも渡り一族の事業を承継してきたオーナー経営者やビジョンを持って創業したオーナー経営者にとって、企業はまさに我が子のようにかわいい存在。買い手企業が買いたいからといってすぐに会社を買えるわけではなく、売り手企業のオーナー経営者の決断があってこそ初めて買えるのです。

成功してきたオーナー経営者は、株価が高いといった理由だけで会社を譲渡することはありません。ただ大きくなりたいだけの企業と一緒になることを選ぶこともありません。創業時のビジョンを叶えるために、補完関係にある企業や情熱を持った経営者と一緒になることで、バトンを託したいと考えるオーナー経営者が多いのです。その事実をぜひ知っていただきたいと思います。

たとえば、ある飲食店の売却案件に100社近くが興味を示した事例がありました。その中で4社の買い手企業が正式に手を挙げたのですが、下記のとおりの株価が示されました。

①3億円（隣接業種）
②2・7億円（大手企業の子会社）
③2・6億円（情熱を持ったオーナーが経営する飲食店／別業態）
④2億円（飲食店／別業態）

一般的には、オーナー経営者は即座に①を選んでいると思われがちですが、実際にオーナー経営者が選んだのは③です。

その理由は、「③のオーナー経営者が持つ情熱に賭けたいから」でした。M&Aの背景には「戦略に勝る情熱」があるのです。これは経営者にしかできない判断でしょう。

優良企業の経営者は、信念を持ってやり遂げた会社のバトンを託す企業を求めています。かつて何十年も仲間として過ごしてきた社員を託すのです。創業したときの夢をもう1度かなえてくれるような情熱を持った企業にバトンを渡したいと思うオーナー経営者は数多くいるのです。

業界再編は隣接業種に波及していく

業界によって再編が起こるタイミングと進み具合は、それぞれ違います。「過去」「現在」「未来」という時間を縦軸に、業界という空間的要素を横軸として見たときに、非常にわかりやすい好例ともいえる医薬品に関わる3つの隣接業界、「医薬品卸」「ドラッグストア」「調剤薬局」の業界再編について見ていきます。

医薬品卸業界にやってきた業界再編の波はドラッグストアに波及し、今、調剤薬局業界に到達しています。各業界で何が起き、どう変化していったのかを解説します。

医薬品卸業界の再編は4社に統合されすでに完了

1992年、医薬品卸の業界団体に加盟していた企業は351社ありました。それが、2009年には114社に激減。この時点で、メディパルホールディングス、アルフレッサ

再編が完了した業界

□ 医薬品卸業界（統合終了）

350社 → 4社

医薬品卸も調剤薬局M＆Aに積極的

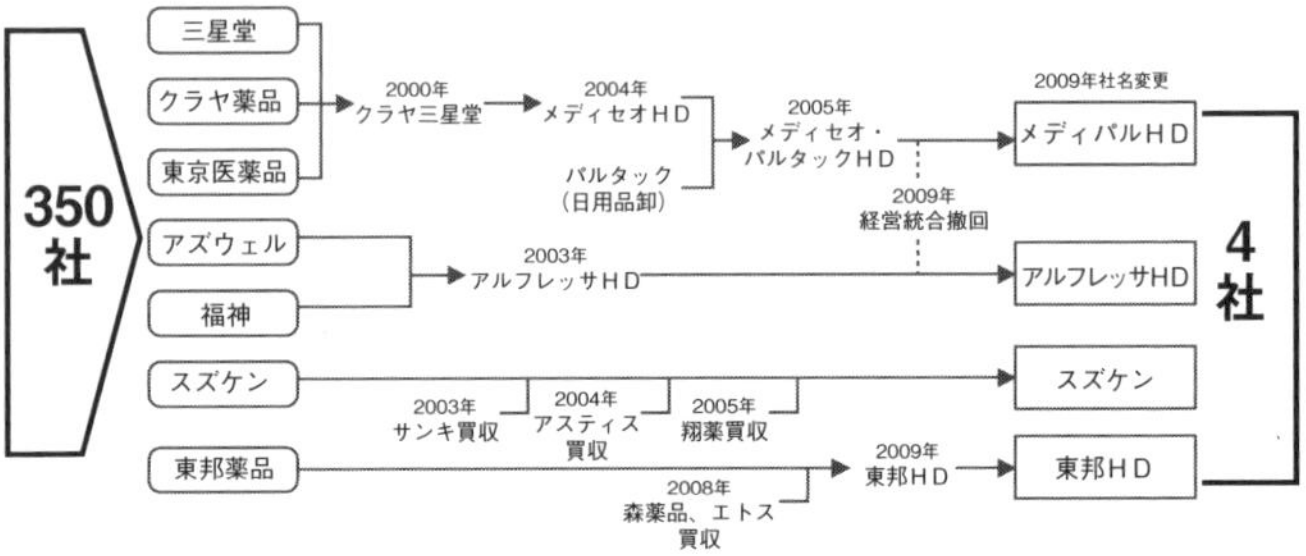

ホールディングス、スズケン、東邦ホールディングスの上位4社に集約され、4社でシェアが約90％に達し、医薬品卸業界の再編は完了しました。

成長期、成熟期と進み、現在は最終期に入ったわけですが、この変化の流れは業界の必然ともいえるでしょう。

医薬品はどこの会社から買っても同じで違いを出すのが難しく、加えて業界独特の慣例が業績を圧迫しています。医薬品は生命を左右するものであることから、納品のスピードが求められます。そのため、薬の値段（＝薬価）は、あっても守られず、納品時に取引価格が決められない、遅いときには納品の10ヵ月後に金額が決められることも当たり前のようにありました。

金額よりもスピードが優先されることで薬価が定まらず、おまけにサービスの差別化ができない。こうした事情から値引き競争が必然となり、業界は薄利体質が常態化しました。たとえば、営業利益率を見ると食品卸が1・1%、日用品卸が0・7%なのに対し、医薬品卸業界は0・4%という低水準です。

加えて、病院や調剤薬局からの厳しい要求に配送コストがかさみ、単独での生き残りが厳しくなってきたことから〝4社に統合〟というシナリオが動いていきました。地域ごとに自社顧客を縄張りのように囲っていたので、他社に奪われることはないだろう、再編は起こらないだろうといわれてきた医薬品卸業界でした。ところが業界関係者が思っていた以上のスピードで再編が進んでいったのです。

では、この大きな再編によって体力をつけた医薬品卸業4社には、どのようなメリットがあったのでしょうか。

1つは流通網の確立です。豊富な資金力により、医薬品の安定供給のための設備を充実させることができました。たとえば、メディパルHDは、横浜市に最新の物流センターを完備することで、取引先の調剤薬局から注文が入れば、1箱の薬でもすぐに営業員によって配達することが可能となりました。これにより患者さんを待たせない配送システムが完成したのです。こうした流通面の改革は体力のある大手にしかできないことです。

この医薬品卸業界の流通網は、２０１１年3月に起きた東日本大震災の際、医薬品の「毛細血管」として大活躍しました。ガソリン不足の状況の中、卸各社が共同配送することで被災地の病院や調剤薬局からの注文に応えることができたのです。

２つめのメリットが収益確保と経営安定化です。再編によって体力をつけた医薬品卸業は、川下業界である調剤薬局への進出を果たしました。アルフレッサＨＤとメディパルＨＤ、東邦ＨＤは3社共同で調剤薬局業界上位の大手である阪神調剤薬局（兵庫）に出資しています。また、スズケンと東邦ＨＤはＭ＆Ａにより中小薬局を次々と傘下に収めています。こうした調剤薬局への積極的な動きは、医薬品卸業界の再編後の新たな方向として、今後も続いていくと思われます。

ドラッグストア業界の再編は最終局面へ向かっている

次にドラッグストアの歴史を振り返ってみましょう。

始まりは１８００年代のアメリカにさかのぼるといわれます。当時、ファーマシー（薬局）から進化したドラッグストアの原型のような店舗が誕生し、１９０1年に現在のような薬や日用品を扱う営業形態の店がシカゴにオープンしたようです。

日本のドラッグストアの歴史はまだ浅く、1970年代にそれまでの販売方法に不安を持った薬局経営者たちが「オールジャパンドラッグ(AJD)」や「日本ドラッグチェーン会(NID)」というボランタリー・チェーン(独立した多数の小売業者が連携して、仕入れや物流を共同化して運営するチェーン形態)を結成してスタートしました。

ドラッグストアの1号店は、1976年に横浜市に開設した「ハックイシダ」(CFSコーポレーション)による「ハックファミリーセンター杉田店」です。創業者の石田健二氏が、ドラッグストア業界の基礎を創ったといわれています。

黎明期のドラッグストア業界は、それまでは〝町の薬屋さん〟と呼ばれていた薬局の経営者たちが集まり、協力しながら成長していこうという関係にありました。しかし、低価格・大量販売というスタイルで、それまでの薬局の顧客をターゲットとして取り込み勢力を拡大・発展していくにつれて、企業同士、店舗同士での激しい競い合いが多くなっていきます。

1990年代、業界が成長期に入るとテレビCMを展開する企業も生まれ、女性を中心にドラッグストアの人気が定着。1990年代後半には、100店舗を超す全国チェーンが出現しました。また、地域への出店を集中的に行うドミナント戦略で地域ナンバー1となるチェーンも生まれ始めました。

その後、2010年頃まで、ドラッグストア業界には圧倒的なシェアを誇るトップ企業は

上位10社のシェアが50%に達したドラッグストアは2012年〜2013年に地域No.1企業のM&Aが相次いだ

年月	譲渡企業	店舗数	譲受企業
2012年3月	ダルマ薬局(宮城)	62	マツモトキヨシ
2012年6月	ドラッグフジイ(富山)	45	グローウェル ホールディングス
2012年7月	ザクザク(岡山)	79	イオン
2012年8月	コダマ(新潟)	85	ココカラファイン
2013年9月	岩崎宏健堂(山口)	63	ココカラファイン
2013年10月	横浜ファーマシー(青森)	44	カワチ
2013年11月	示野薬局(石川)	66	マツモトキヨシ
2013年11月	ハーティウォンツ(広島)	140	ツルハ

存在せず、上位10社ほどが覇権を争う〝群雄割拠〟の様相を呈していました。各大手チェーンは地方で強さを発揮している準大手や中堅クラスの有力チェーンの買収や提携を次々に実施することで、業界での売上高順位が入れ替わる抜きつ抜かれつのデッドヒートを繰り広げていました。

大手チェーンは、積極的に提携先を探しまわり、全国の各エリアで高いシェアを持つドミナントに強い中堅チェーンを買収することで、未進出のエリアに足場を築き勢力を拡大していきます。そうした動きが加速したのが2013年でした。

2013年のドラッグストアの総売上高は、6兆97億円で初めて6兆円を突破しました(日本チェーンドラッグストア協会調べ)。

しかし、伸び率では前年比1・2%と過去最低水準でした。この年、業界の潮目は大きく動きます。コンビニ業界やスーパー業界など隣接業種の動きがドラッグストア業界の再編のきっかけとなったのです。

イオングループのコンビニチェーンであるミニストップは、売上高も店舗数もセブンイレブン、ローソン、ファミリーマート、サークルKサンクスの上位4社に大きく引き離されています。そこでイオンは、規制緩和で参入のハードルが下がったドラッグストア業界で巻き返しを図るべくウエルシアホールディングス、ツルハホールディングス、CFSコーポレーション、クスリのアオキなどと連合を組みました。

これに対抗したのがマツモトキヨシグループ、WINグループ、富士薬品グループ、キリン堂などの勢力でした。彼らはシェア確保を図るために、売上高300億円規模の地域ナンバー1の中堅チェーンとの合併や統合を進めたのです。主な組み合わせは、ツルハとハーティウォンツ(広島)、マツモトキヨシと示野薬局(石川)、カワチ薬品と横浜ファーマシー(青森)、ココカラファインと岩崎宏健堂(山口)などです。

現在は、マツモトキヨシホールディングス、サンドラッグ、スギホールディングス、ツルハホールディングス、ウエルシアホールディングス、ココカラファインなど上位10社のシェアが50%を超え、業界は成熟期に入っています。

大手チェーンが地方に進出することで、地域の独立系チェーンの価格交渉力は弱まり、さらに販売競争を強いられ、経営が立ち行かなくなっています。価格競争力の乏しい売上高300億円以下のチェーンの苦境は鮮明です。業界再編は今後も続いていきますが、もはや中小規模の会社では買い手がつかなくなっているのが現状です。ドラッグストア業界の再編は大方終了したと同時に、業界再編の舞台は調剤薬局業界に移っていきます。

【コラム⑦】〈業績がいいときにこそ会社を売却できる経営者が勝ち残る〉

業界再編は一度始まると、決して逆戻りすることはありません。これは、いかなる業界であっても変えられない事実であり、法則です。業界内において、上位企業グループのシェアは時が経つにつれて高まっていきます。つまり上位企業の寡占化が進んでいくと、市場が拡大し続けなければ、自社の存続は難しくなるということです。

市場の拡大が伸び悩んだとき、成長期から成熟期に入ります。するとパイの奪い合いが始まります。そのときに、「業界のあるべき姿」や「次なる業界のビジョン」を示した企業が勝ち組となるのです。その勝ち組企業の考えに賛同してグループ入りする企業、そのまま安住して数年後に負け組となる企業にはっきりと分かれてきます。事実、100年続いた会社だからM&Aをせずに残しておきたいと相談に来られたドラッグストアがありましたが、その後、ライバル店が近隣に出店し、4年後にはなくなっていたことがありました。

再編がスタートして業界が活気づいている状況下では、ある程度どの企業も業績が良いことが多いものです。業績が好調な状態のときに、次を見越したM＆Aで大手グループの傘下に入る決断をするのはなかなか難しいのが現実です。一方で、業績が良いことを好機ととらえて積極的にM＆Aを決断する経営者がいるのも事実です。まだ50代と若くとも、M＆Aによってビジョンを共有できる企業の仲間に入り、一緒に業界の発展に力を尽くそうという若手オーナー経営者が増加しているのです。

業界再編の波がピークに向かう調剤薬局業界を分析する

成長期から成熟期に差し掛かっている調剤薬局は、今もっとも業界再編が盛んに行われている業界のひとつです。２０１４年度に日本M＆Aセンターが仲介して成約した、さまざまな業界のM＆Aのうち、件数では全体の１～２割を占めるほどに急増しています。

医薬を分離することで患者への適正な診療と薬剤の提供を行えるとの判断から、１９９３年、国主導で強力に医薬分業が推進されました。その結果、今では医薬分業というスタイルが当たり前になってきています。

町の薬局が調剤を始めたり、いわゆる門前薬局と呼ばれる病院のすぐ近くに店舗を構える調剤薬局が増え、業界は右肩上がりの成長を遂げていました。30年前は院外処方箋受け取り率が0％だったものが、現在では約70％まで増えています。

しかし、その医療分業は今、大きな曲がり角にあります。2012年度の処方箋数は7億5888万枚、処方箋単価は8309円となっており、過去5年間でもっとも低い伸び率になりました。また、全国の店舗数は2013年の調査では5万5644店とオーバーストアーになっていることから、市場が成熟期に突入したことが鮮明となり業界再編が加速しているのです。

中小・中堅規模の調剤薬局の経営環境が変わった要因は、さまざまあります。まず、2014年4月、慢性的な財政赤字・破綻寸前の医療保険財政、増え続ける介護費用により、調剤報酬改定が行われ、特定の医療機関からの処方箋が90％を超える薬局は調剤基本料を減額されました。2年ごとに行われる改定ですが、今後はさらに調剤報酬の引き下げが行われていくと予想されています。

また、国としては医療費の増加を防ぐため、これ以上医師を増やせないことから薬の宅配など在宅医療が推進され、24時間対応ができる薬局に優遇措置がとられました。すると、1～3店舗経営といった規模の小さい門前薬局などでは休日や夜間の対応までは手が回らず、ますます経営が厳しくなりました。

さらには、深刻な薬剤師不足があります。医療の高度化に対応するために2006年から薬科大学などの薬学部が4年制から6年制に移行されました。薬剤師になるためには6年制大学を卒業し、国家試験に合格しなければいけないため恒常的に薬剤師が不足することになりました。また難関を突破し、知識を身につけた薬剤師は自らの能力を生かせる職場を求めて大手調剤薬局への就職を希望するため、小規模調剤薬局は慢性的に薬剤師不足という事態に直面しているのです。

こうした状況から、規模を拡大する地域薬局が出現します。すると、地域でのブランド力が高まり、周辺の医療機関との連携が深まり、新規出店の情報も入手しやすくなります。また、共同で教育研修をするなど、企業のレベルアップを狙っていくことができます。

さらに仕入れの量を増やすことで、医薬品メーカーとの交渉力が強まり、仕入れ値を下げることもできます。これはどの業界でもいえることですが、先に再編を達成した業界の価格支配力が高まる傾向にあります。たとえば、鉄鋼メーカーと自動車メーカーでの鋼板の仕入れや、家電メーカーと家電量販店での仕入れの例などでも見られるように、同業他社の売り上げを自社に取り込むと同時に市場コントロール力を高めていくことができるわけです。加えて、福利厚生や社員の教育制度などの環境を整えることができるため、人材を確保しやす

調剤薬局業界の再編を引き起こす要因

医薬分業の普及に伴う市場の成熟
・調剤件数、処方箋枚数の伸び率鈍化が顕著

医療費削減政策等による収益減
・薬価差益の縮小、診療報酬の抑制、消費増税への懸念

大手、異業種の参入による競争激化
・大手薬局の出店加速、ドラッグストア、医薬品卸等が参入

薬剤師不足、後継者難
・薬剤師獲得競争の激化、人件費の高騰

く店舗間での人材の融通も可能になります。

一方、中小規模の薬局ではすべてが逆の方向に向かっていきます。すべてのマイナス要素がのしかかってくるため、今のところ業績は安定しているが、「数年後どうなっているかわからない」「いずれ立ち行かなくなる」というのは目に見えています。

ならば、今のうちに大手グループの仲間入りをしたほうが会社を存続させることもできるし、成長していくこともできる。それに、社員の将来にとっても幸せだろうと考えるオーナー経営者が増えているのです。

ところで、調剤薬局業界の再編の転機は、2013年に訪れました。ドラッグストア大手の富士薬品が調剤薬局の上場企業だったオストジャパングループ（北海道で19店舗を展

開）を買収したM＆Aです。

この年には、メディカルシステムネットワーク（北海道）とトータル・メディカルサービス（福岡を中心に35店舗を展開）の調剤薬局の上場企業同士のM＆Aも行われ（178頁参照）、これがきっかけとなって、その後、10～20店舗のM＆Aが立て続けに成立したことで再編が加速していきました。

2014年には医薬品卸の上場企業であるバイタルネット（宮城）に、オオノ（宮城）が譲渡。店舗数50店、年商120～130億円クラスの地域薬局のM＆Aが動き始め、さらにはココカラファインとクオールというドラッグストアと調剤薬局の大手同士の業務提携が発表されたことで、業界再編は新たな局面に入ったといえます。

現在、アインファーマシーズ、日本調剤、クオール、総合メディカルなど上位20社のシェアは約11％にとどまっており、業界再編の動きは今がまさにピークという状況です。

実際、今が会社売却の絶好のタイミングです。買い手希望の企業はたくさんありますし、売却金額や諸条件でも売り手が有利に交渉を進めることができます。また、株式の売却後も子会社の社長として経営を続ける方が多いのも、この業界の特徴です。医療業界では継続性がもっとも重要ですので、早めに事業承継の道筋をつけておこうと考える経営者が多いのです。

■最近の大手調剤薬局の出店動向（2014年度年間累計）

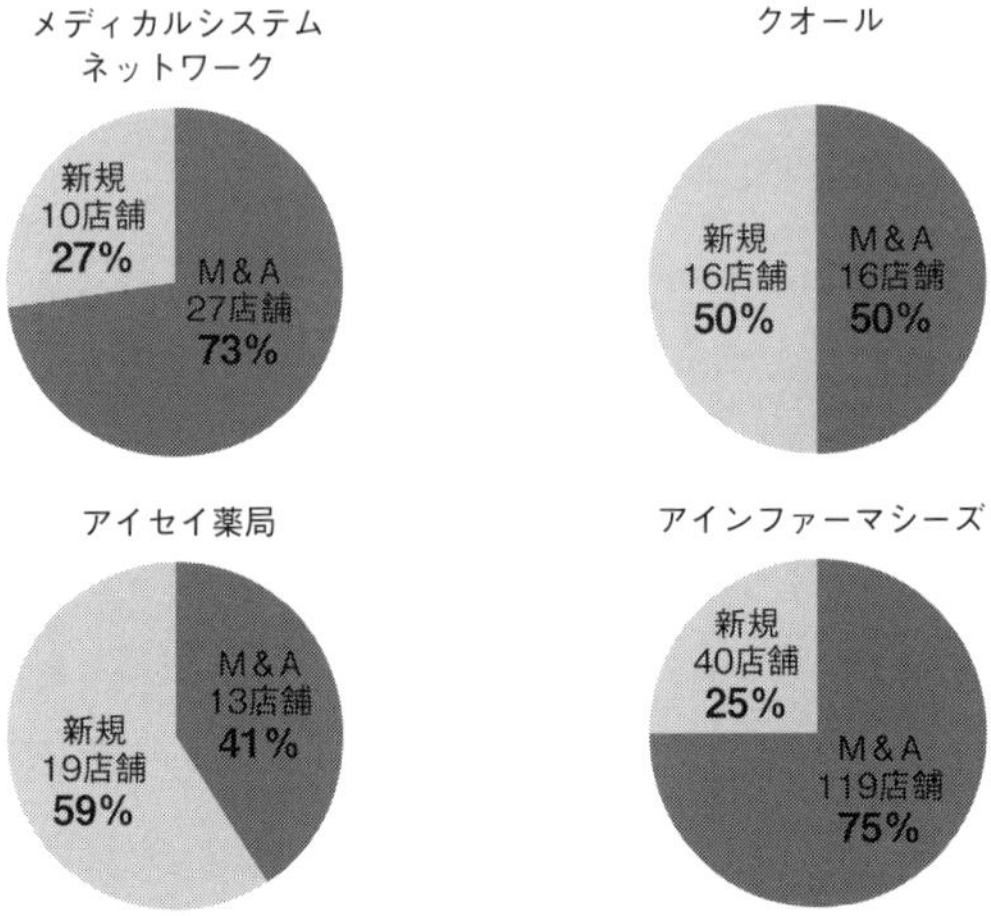

※日本M&Aセンター調べ（2014年度実績）

■調剤業界の再編は今がピーク

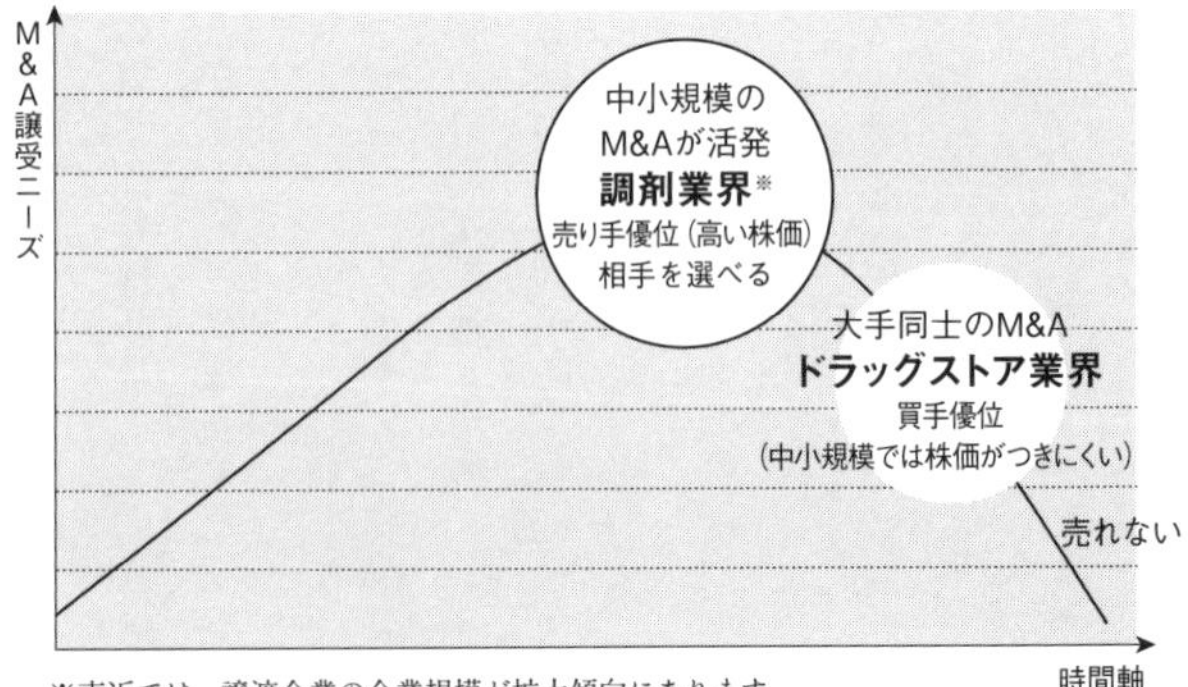

※直近では、譲渡企業の企業規模が拡大傾向にあります。

業界を取り巻く環境は大きく変化しています。ドラッグストア、医薬品卸、スーパーマーケットなど異業種の大手企業の参入が続き、クオールは業務提携によってコンビニに調剤薬局を併設した「ローソンクオール」を開店して相乗効果と顧客の囲い込みを狙っています。また2015年7月には、アインファーマシーズが資生堂から化粧品ブランドを展開する子会社を買収することを発表しています。

「ただ薬を渡すだけ」などといわれ、その存在意義が問われている調剤薬局。今後は再編により事業規模を拡大していくことで、在宅業務の本格化やIT化、異業種との提携などの大きな変化に対応していくことになるでしょう。また、地域医療の拠点としての役割、たとえば地元の「かかりつけ薬局」として患者さんにとってより身近な存在となって地域医療を支え、貢献していくことも望まれています。

業界再編は今がピーク! 各業界の最前線を詳細リポート

第2章の最後に、今もっとも再編が活発化する8つの注目の業界(IT業界、住宅・不動産関連業界、電気工事業界、介護業界、人材紹介・人材派遣業界、物流業界、製造業業界、学習塾業界、業務用食品卸売業界)の現状と、今後の動きについて見ていきましょう。

すでに解説したように、業界再編が起きるきっかけにはさまざまな要因が関係してきます。ご自身の業界と照らし合わせて参考にしてください。

「IT・ソフトウェア業界」

調剤薬局業界と並んで、今もっとも再編が活発に行われているのがIT業界です。IT業界は第2次業界再編時代の幕開けと言われており、特にソフトウェアの受託開発を手掛ける会社のM&Aが増加しています。2006年には415件のM&A件数となり第1次M&Aブームが来ました。その後リーマンショック時に半減しますが、2014年には過去最多の514件のM&A件数を記録しています。

IT業界は2000年代に入ってから「ITバブルの崩壊」と「リーマンショック」という2度の危機を経験しています。2008年のリーマンショック後は大手メーカーがシステム投資を大幅に控えたため、2次、3次下請けで開発を行っていた企業が相次いで業績を悪化させるという事態に陥りました。そのため、第3の衝撃が来る前に、業績がいいうちに自社を優良企業に売却、もしくは合従連衡でグループ化し相乗効果で体力をつけて将来に備えたいと考えるオーナー経営者が増えています。

IT業界の構造を見てみると、そもそもは大手企業のIT部門として立ち上げられた事業

ITソフトウェア業界M&A件数

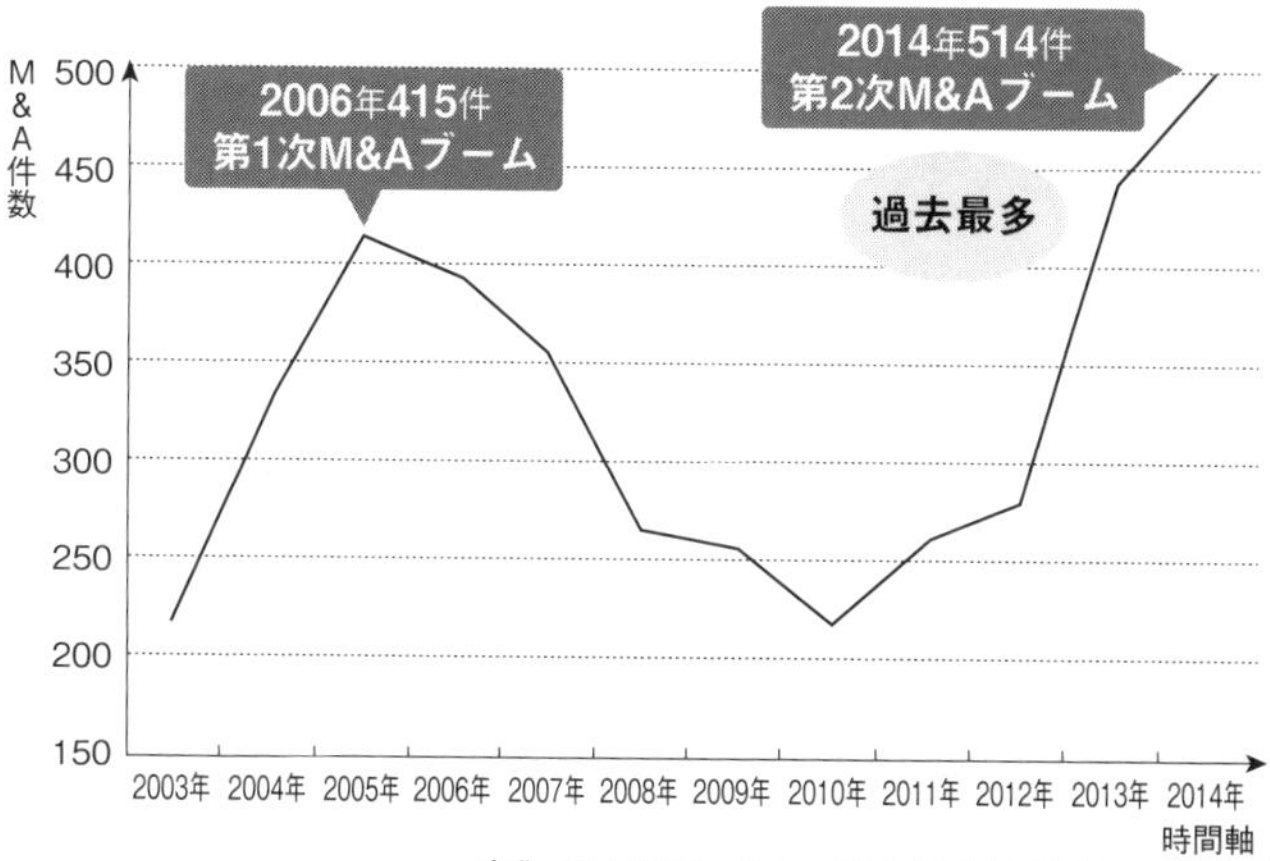

出典：MARRデータベースを元に日本M&Aセンター作成

部が独立し会社となった例が多いのですが、そのうち1社で親会社のシステムなどを開発しているのは非効率だということになり、会社の枠を超えてNTTデータをはじめ、富士通、NEC、日立、東芝の大手エレクトロニクス企業に買収されていったという経緯があります。これら大手企業に集約される国内の動きは大体完成し、各大手グループは海外企業とのM&Aに軸足を移しています。

なお、これら大手企業の下に1次下請け会社があり、そうした会社がそれぞれ300〜400社の2次、3次下請け会社と取引をしているというのが、この業界の構造です。国内では上位企業が再編されたことで、現在は下位企業の再編が進んでいるという状況です。

ＩＴ業界の不景気は２０１１年頃に底を打ち、現在は回復傾向にありますが、中小・中堅企業のオーナー経営者が抱える問題は大きく3つあります。人材不足問題と業界の変化のスピード、そして業務のオフショア化（海外の事業所への委託）による受注単価下落と利益率悪化です。

日本M&Aセンターが実施したアンケートの結果、約4割の企業が技術者不足のため受注を控えた経験があり、9割以上の経営者が業界の変化のスピードが速いと感じていると回答しています。技術革新の進化が速いため、なかなか人材育成に力を入れることができず、社員も今よりいい環境があればすぐに転職するという傾向があるため定着率が低いのが特徴です。

また、クラウド技術の進化が多くの企業の仕事の仕方を変えた影響も大きく、海外の子会社や関連事業所に仕事が流れることなどで、これまで大手企業の2次、3次下請けとして順調に仕事を受注していた中小・中堅企業でも特定の会社に依存することができなくなりつつある状況があります。

この業界は、他業界に比べ、規模感の近い会社を買収するというケースが圧倒的に多く、システムエンジニアを一定数抱えていれば、常に買い手からのニーズが高いという特徴もあります。たとえば、地域の異なる2社がM&Aで合併し、ある程度規模が大きくなることで

ITソフトウェア業界の動向
～国内再編からグローバル化の時代へ～

NTTデータのM&A戦略
(沿革:1967年NTT(データ通信事業本部)/1988年NTTデータを分社化)

主なM&A(国内)	
1999年10月	パイオニア子会社を買収▶NTTデータ ソルフィス
2002年8月	日本たばこ産業子会社を買収▶NTTデータ ウェーブ
2003年1月	三洋電機子会社を買収▶NTTデータ 三洋システム
2005年1月	積水化学子会社を買収▶NTTデータ セキスイシステムズ
2005年7月	西友子会社を買収▶NTTデータ スミス
2006年10月	近畿日本ツーリスト子会社を買収▶NTTデータ テラノス
2008年10月	パナソニックモバイル子会社を買収▶NTTデータ MSE

▶

主なM&A(海外)	
2010年7月	インテリグループ
2011年6月	バリューチーム
2012年12月	IFIソリューション
2012年12月	イノジェンス
2013年10月	エヴェリス
2013年11月	アスターグループ
2013年11月	EBSルーマニア
2013年11月	オプティマル・ソリューションズ・インテグレーション持株会社
2014年1月	フォーシー・マネジメント・コンサルティング
2014年5月	ギザ(enviaM、KOWISA共同出資会社)
2014年10月	シンフォニーマネジメント コンサルティング エルエルシー
2015年6月	カーライル・アンド・ガラガー・コンサルティング(CG)

※海外子会社を通じたものも含む

パワービルダー再編の時代へ

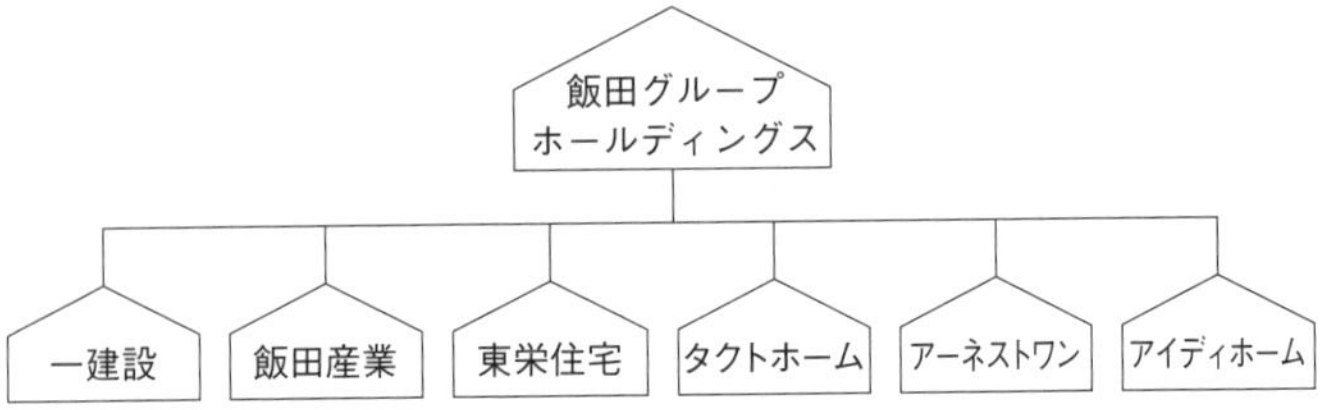

売 上 高：約7,800億円…積水ハウスの半分に
販売戸数：2万6千戸以上…積水ハウスを上回る

大手の経営者も危機感を感じ経営統合を進めている！

技術と人材を補完し合い、それまでは受注を控えていた案件や外注に出していた仕事を自社でこなせるようになるという相乗効果が見込めます。また、人材の採用と教育の共通化というメリットも考えられます。

ソフトウェア開発会社の合併の他にも、過去にはデータベース開発の会社とネットビジネスの会社の組み合わせや、サイト運営会社と生涯学習サービス会社の組み合わせなどが実現していて相乗効果を発揮しています。

「住宅・不動産関連業界」

これまで住宅・不動産関連業界でのM&Aは不動産管理業やビルメンテナンス業が主流でしたが、近年、動きが激しくなっているのは地域のパワービルダーが主導する業界再編型のM&Aです。

大きな話題となったのが2013年11月、パワービルダー大手6社による大型統合で誕生した「飯田グループホールディングス」です。6社もの上場企業が一度に統合するのは日本でも初めてで、極めて異例のことです。

戸建て分譲住宅をメインに手掛ける一建設、飯田産業、東栄住宅、タクトホーム、アーネストワン、アイディホームが統合したことで、売上高は単純合計で約7800億円となり業界首位の積水ハウスの約半分に到達。年間販売戸数では2万6000戸以上となり積水ハウスや大和ハウスを大きく上回り、一気に業界内での影響力を強めることになりました。これほどまでの規模のオーナー経営者が集まって一度に統合するのは初めてのことで、まさに業界再編時代の象徴的な事例だといえます。

6社はそれぞれ戸建て分譲やマンション分譲、注文住宅といった既存事業の強みと商品力を生かした事業展開をしながら、経営統合によって以下のような改善を行い、体力強化を進めています。

・土地等の仕入れは、ホールディングがマネジメントして供給過多エリアの発生を防ぎ、グループ間の競合による仕入れ価格の高騰抑止を実現。
・スケールメリットを生かした共同購買による資材調達コストの引き下げや、職人育成や下請け施工会社の確保などにもグループ全体で取り組むことで原価をコントロール。
・プレカットや建材などの内製化を進めることによって価格競争力を強化。

今までは地場でトップクラスのハウスビルダー（10～30億円規模の売上高）の事業承継に伴うM&A、つまりオーナー経営者が60歳を過ぎた頃に株式を譲渡するという話はよくありました。しかし、「6社統合」というのはまったく違う意味を持っています。

経営が順調な優良企業であり、事業承継問題で困っているわけでもない企業の一国一城の主＝ライバルたちが、資本のしがらみやオーナーであり続けるという私欲を乗り越え、資本提携という「決断」ができた背景には、それだけ業界再編にかける熱意が読み取れます。

復興需要、増税のタイミング、2020年東京オリンピック効果などで一時的に好景気を迎えていますが、実際には少子高齢化による人口減少局面がすでに始まっており、今後の住宅需要の先細りは目に見えています。そうした時代に対応し、「企業の存続と発展」のために6社は統合したのです。

しかし、そこには新たなビジョンと大義があります。ただ生き残りのために規模を拡大するのではなく、日本一のシェアを目指すことで「より高品質で低価格」なサービスを提供し、「誰もが当たり前に家を買える時代」を実現するというものです。

目指すのは、「大手＝高品質・高価格」の時代から「大手＝高品質・低価格」の時代への転換であり、数社が集まり「強者連合」することによってビジネス自体の質を変えていくという業界再編の意義があるのです。

現在、住宅関連業界の上位企業10社のシェアは約22%です。大手上場のマンションデベロッパーが地域トップの注文住宅販売施工会社を買収した隣接業種による地域拡大の事例や、大手リフォーム企業が優良な戸建て住宅建築会社を買収した異業種参入の事例なども増えています。

今後この業界では、LIXILグループやコムシスホールディングス、JKホールディングスなどのような大手企業の経営統合が進行しながらも、そうした動きに乗り遅れないために中堅・大手企業が地域のナンバーワン企業や中小・中堅企業を統合するという動きも活発化していくと考えられます。

また、マンション・ビル賃貸管理業界でも業界再編は着実に進んでいます。安定収入を確保できる管理業務は魅力があることから、規模が小さい会社でも買い手は多く、売り手市場になっています。現在、マンション管理業では上位3社のシェアが18・7%、ビル管理業では上位3社のシェアが8・2%となっています。

なお、隣接業種の土木建築業界に関しては、アベノミクスや東京オリンピック効果で一時

設備工事関連業界のM&A

一貫してサービス提供することを強く意識している

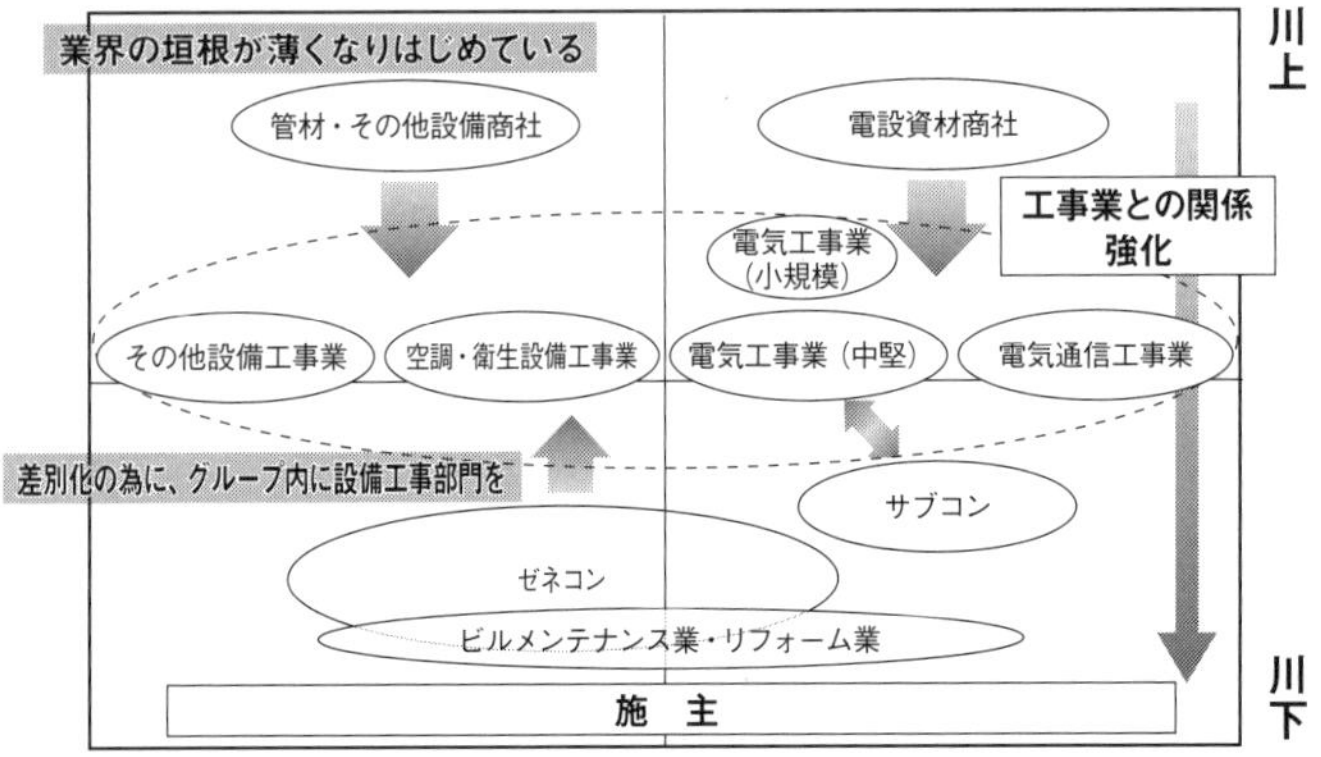

的に景気は上向いていますが、本質的には公共投資の増減に景気が左右されるため、国内市場の縮小に伴い大手ゼネコンは民間需要や海外市場にシフトしています。

業界の成熟度が進んでいることから再編の動きはほぼ終了し、企業数が飽和状態にある中小・中堅企業は淘汰の波にさらされ、M&Aで買い手候補を探すのは難しい状況になっています。

「電気工事業界」

電気工事業界でもM&Aが急増しています。その理由は主に3つあります。

1つは、旧来からある後継者不在問題です。帝国データバンクの調査によると、電気工事業の属する建設業は後継者不在の企業が69・

6%で全産業の中でも高くなっています。そのため、M&Aによる事業承継を望むオーナー経営者が増加しています。

2つめは、2018年問題です。人材不足が業界の課題となっていますが、今後さらに厳しい状況を迎えそうです。というのも、2009年で底を打っていた18歳人口が2018年から再び減少に転じるのです。今後、この業界への就業者数は減少していく一方で、同業大手や中堅だけでなく、電気工事部門を強化したい異業種などは人材の囲い込みを考えており、中小事業者にとっては人材確保がさらに難しくなっていくと予想されます。そのため、社員の平均年齢が上がるうえ、若い人材が確保できずに企業価値が下がってしまう前に売却を考える中小・中堅企業のオーナー経営者が増えています。

3つめは、景気の好況感による業界再編機運の高まりです。建設業界やIT業界と同様に、この業界も景気の波に左右されます。現在は、景気の好況感から事業拡大を図る同業大手や中堅、または異業種からの参入組が増えているため、この再編のタイミングに乗って売り手に有利なうちに大手の傘下に入ろうと考える経営者や、2020年以降に予想される東京オリンピック効果の反動と人口減少による業績の落ち込みに今のうちから対処しておこうと考える経営者が増えているのです。

実際、この数年で目立ってきているのは同業者同士ではなく隣接業種とのM&Aです。たとえば、ビルを建設する場合、電気、空調、給排水などの工事が必要となります。今までは、ゼネコンが仕事を別々に発注し、それぞれの業種の企業が別々に請け負っていました。

ところが、現在では効率化を図るために「ＢＥＭＳ」（ビル・エネルギー・マネジメント・システム）というシステムを導入して建物の使用エネルギーや室内環境を把握することで、省エネや不具合の検知、メンテナンスの適正なタイミングの管理をするケースが増えてきています。そのため、発注元は一括で工事できる業者を求め、請け負う側もニーズに対応するための動きを見せています。具体的には、空調設備の会社が電気工事と給排水工事の会社と手を組んだり、リフォームの会社が設備工事会社を買収するなどです。

今後も電気工事業界を中心に、業界の垣根を越えたダイナミックな再編が続いていくと予想されますが、２０２０年以降は一気に再編の動きが冷え込む可能性があるため、ベストのタイミングはこの数年になると思われます。この時期を逃すと一気に買い手市場に転換する可能性もあります。

「介護業界」

２０００年4月、介護保険制度が導入されたことで民間企業の参入が解禁され、介護業界は一気に事業者が増加しました。それから現在に至るまで、高齢化社会の介護ニーズの高まりを受けて右肩上がりに成長を続けてきましたが、2015年を迎え、この業界にも大きな変化が訪れ、再編の機運が高まってきました。

その要因は3つあります。「法規制と法改正」、「人材不足」、「異業種企業の参入」です。

まずは、この業界特有の法規制と法改正です。

2015年に行われた介護報酬の改定では、介護職員の処遇改善としてプラス改定した項目もあるものの、全体としては2・27%のマイナス改定となりました。基本的に介護報酬頼みのビジネスモデルのため、経営者にとっては大きな圧迫となっています。単純に考えれば、今後は利用者数を増やさなければ、マイナス分を回収してこれまでと同様の利益を生み出すことはできないということです。

また、施設建設のための補助金がカットされ、国の方針である「住み慣れた地域で自分らしい生活を続けられるようにする」という地域包括ケアシステムを実現するために、これまでの施設ケア型の事業から在宅ケア型へのシフトが進んでいます。これは、医療業界、調剤薬局業界も含めて「在宅ケア」をどうビジネスに結びつけていくかという今後の大きなテーマとなってきます。

さらに、デイサービスでも、預かるだけのレスパイト型では報酬が下がり、筋肉トレーニングなど運動機能の向上を目指す自立支援型の、いわゆるパワーリハビリでは報酬が上がっているように、施設によって収益に差が出始めています。

2つめの要因は、労働集約型業態特有の人材不足と人材確保の難しさです。介護業界の利益率を見ると、利用者が多ければ多いほど利益が上がることがわかります。しかも、利用者の増減は施設の事業規模と関係しています。つまり、やはりここでも「規模の経済」、「規模のメリット」が働いているということです。

事業規模が大きくなれば職員の待遇にも反映され、給与も上がります。すると、人材の確保がしやすくなり、職員の定着率も上がるという好循環に入ります。また、単純に施設要件を満たすために必要なケアマネジャーや理学療法士などの有資格者を採用することができる事業者は新規開業が進み、売り上げも伸びて事業規模もさらに拡大していきます。

一方で、中小規模の施設には入居者も職員も集まらなくなってきています。施設の老朽化に伴い建て替えや新設をしようにも、現実問題として経営者には借り入れが重くのしかかってきます。入居者も〝終の棲家〟として少しでも快適な環境を望むなら、高い利用料を払ってでも大手のきれいな施設に入居したいと考える人が増えています。つまり、ブランド力が重要になってきているのです。

職員としても待遇が悪く報酬も上がらない、おまけに将来のキャリアパスを描けない中小規模の施設より大手への就職を希望します。必然的に悪循環にはまってしまうということになります。

そして、3つめは相次ぐ異業種企業の参入です。

2012年は安田生命や京王電鉄、損保ジャパン、ユーキャン、ALSOK、2013年にはジェイコムやソニーフィナンシャルホールディングス、2014年にはゼンショーやヤマダ電機など、というように参入組の顔触れは生命保険、鉄道、通信教育、警備保障、人材派遣、外食、家電小売、金融、住宅など多岐に渡っています。

これらの企業は人口減少による内需の先細りを見据えて、新たな収益の柱を模索していきます。本業で豊富な資金を蓄えていることが多く、財務的な基盤があります。しかし、ノウハウがないためM&Aによって事業を拡大しようとしているのです。

以上の3つの理由から、介護業界のM&Aにも次の3つのタイプがあることがわかります。

1. 同業大手が中小の会社を買収する規模とエリア拡大のためのM&A。
2. 施設系に強い会社が在宅系を、在宅系に強い会社が施設系を買収して制度改正によるリスク分散のためのM&A。
3. 新規の収益を求めて異業種が参入するためのM&A。

介護業界は上位20社のシェアが約7％で、売り上げが約6500億円。介護市場は約9兆円産業ですから、約8・3兆円分は中小・中堅の介護事業者が占めていることになり、この金額が再編の対象になってくることから、今後さらに再編の動きは活発化していくと予想されます。

また、買い手希望の企業が圧倒的に多いため、現在は売り手優位な状況でM&Aを進めることができます。

今後は、盛んにM&Aが行われながら、大手のIT化・システム化や給食などの内製化が進むことで、大手と中小・中堅では利益率に差ができ始めるため、さらに再編が進んでいくと思われます。

売り手企業としては、大手企業の傘下に入り経営を安定させ、グループの一員として成長を目指す。あるいは、ドミナント戦略でM&Aをしながら、地域ナンバーワンを目指して「地域包括ケア」の拠点として活動していくという戦略が必要です。

また、介護保険に影響を受けない部分での収益の柱をどう作っていくかも大きな課題となってくるでしょう。近年では、有料老人ホームなどを運営する介護大手のメッセージが、ネットワーク構築・保守管理などを手掛けるセットアップを子会社化した事例などがあります。

人材派遣業界の現状

海外に比べて異常な事業者数。人材派遣業界のM&Aは今後も避けられない

世界の派遣会社の事業所数

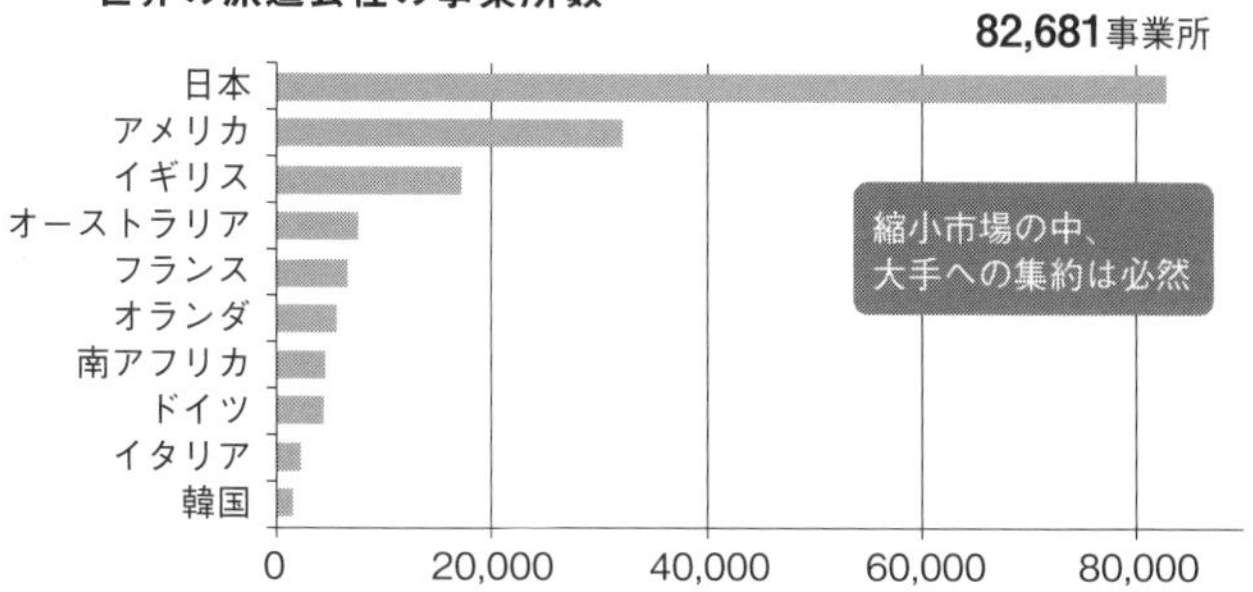

出典：Ciett「2013 Economic Report」

「人材紹介・人材派遣業界」

人材紹介・人材派遣業界は小資本で起業しやすいため、企業の数が多いのが特徴です。産業としての歴史は浅く、2008年のリーマンショック時には、派遣先の企業が人材を必要としなくなり、多くの「派遣切り」にあったため各社苦境に立たされたという経緯があります。

一方、近年ではアベノミクス効果で景気は良くても、今後は若者人口が急速に減少していくため人材の獲得コストが急上昇しています。人材紹介・人材派遣業界は人材の登録をインターネットに頼っており、ネット広告への支出が大きいことで有名です。景気が良い時期はどの会社も「良い人材ならひとりでも多く欲しい」といった状態になるため、紹介

人材派遣業界のM&A事例

職種・地域に特徴のない中小企業は競争から人材獲得コストが上昇し苦戦

国内1位 世界4位 RECRUIT
売上高 1兆1,915億円

買収

スタッフサービスHD 人材派遣【売上1,933億】	Staffmark HD(米) 軽作業派遣【売上770億】	CSI(米) 技術者派遣【売上50億】
Advantage Resourcing(米) 人材派遣【売上1,400億】	Indeed(米) 求人広告【売上249億】	Nugrid Consulting(印) 人材紹介【売上一億】

国内2位 テンプホールディングス
売上高 3,624億円

買収

インテリジェンス 人材紹介【売上895億】	日本テクシード 技術者派遣【売上99億】	DRD 設計請負【売上45億】
パナソニックエクセルスタッフ 人材派遣【売上640億】	パナソニックAVCテクノロジー&マルチメディア 受託開発【売上65億】	日経スタッフ 人材派遣【売上35億】

国内3位 PASONA
売上高 2,086億円

買収

パナソニックビジネスサービス BPO【売上203億】	ビーウィズ コールセンター【売上100億】	安川スタッフサービス 人材派遣【売上29億】
キャプラン 人材派遣【売上151億】	メディカルアソシア 技術者派遣【売上54億】	AIGスタッフ 人材派遣【売上17億】

国内4位 世界1位 Adecco
売上高 2兆7,304億円
(国内) 1,426億円

国内5位 世界3位 ManpowerGroup
売上高 2兆0,655億円
(国内) 917億円

国内6位 世界2位 randstad
売上高 2兆3,195億円
(国内) 600億円

できる人材をとにかく獲得したいのです。事業規模が大きくなれば、紹介先や派遣先の件数が増え、登録する人材にメリットがあるため各社とも規模の拡大を進めている状況です。

特に、大手企業の子会社の人材派遣企業の切り離しや、製造業やＩＴ業界など業界に特化した中小・中堅の人材紹介・人材派遣会社の買収が盛んに行われています。

「物流業界」

物流業界は国内市場の縮小、規制緩和による事業者増加に伴う過当競争、値下げ競争、燃料費の高騰などマイナス要因も多く、生き残りをかけた再編が活発に行われています。

現在の物流業界のキーワードは３ＰＬ（サード・パーティ・ロジスティクス）です。３ＰＬとは、荷主に対して配送・在庫管理やシステム構築などの物流業務を包括して受託し、遂行する物流改革のことで、物流コストの削減や業務の効率化のために選択する企業が増えています。しかし、３ＰＬサービスは大手物流会社でなければ提案が難しいため再編が加速しているのです。

また、ＩＴ企業のＭ＆Ａと同様に大手企業の子会社や部門の切り離しが活発になっています。

日立物流は、２０１１年4月に自動車部品物流のバンテックを買収した案件が有名ですが、

物流部門切り離し(コア事業への集中)M&A事例

実行年月	親会社/業種	対象会社(売り手)	買い手	狙い
2014年10月	高木工業(業務請負・人材派遣)	高木工業物流	安田倉庫	配送ネットワークの拡大、輸送力の強化
2014年4月	全国酪農業協同組合連合会(農協)	デイライン	名糖運輸	低温物流に関する高品質サービスの提供実現
2014年4月	JSR(日本合成ゴム)(化学メーカー)	JSR物流	日本トランスシティ	3PL事業の強化
2014年4月	パナソニック(総合家電)	パナソニックトレーディングサービスジャパン	近鉄エクスプレス	輸出入・三国間貿易手続き業務ノウハウの蓄積
2013年10月	アクタガワグループ(介護分野)	芥川運送	鈴与カーゴネット静岡	オフィス用品等の小口貨物運送分野の強化
2013年3月	コニカミノルタHD(情報機器メーカー)	コニカミノルタ物流	DHLサプライチェーン	日本メーカーを対象とした企業物流事業の強化
2013年3月	日立電線(電線メーカー)	日立電線ロジテック	日立物流	業界物流プラットフォームを整備し、業務効率化と新規顧客の獲得につなげる等
2012年4月	三洋電機(総合家電)	三洋電機ロジスティクス	三井倉庫	物流手法の抜本的な転換によるサービス深化、顧客層拡大
2012年4月	JTB(旅行代理店)	JTB物流サービス	ハマキョウレックス	物流センター事業の業容拡大 代理店業者向けサービス獲得
2011年10月	シマダヤ(麺類メーカー)	シマダヤ運輸	日立物流	食品配送業務の強化
2011年9月	滝沢ハム(食品メーカー)	泉川運輸	関東運輸	顧客取り込み・規模の拡大
2011年2月	ホーマック(ホームセンター)	ダイレックス	日立物流	道内3PL物流プラットフォームの強化
2011年1月	DIC(大日本インキ)(化学メーカー)	DICロジテック	日立物流	国内・中国における化学品物流プラットフォームの獲得(危険品輸送ライセンス)

M&A事例　〈日立物流のM&Aと株価の変遷〉

日立物流社は、物流業界においてもっともM&Aを活用している企業であり、且つ 10年間継続して企業価値の向上を実現している

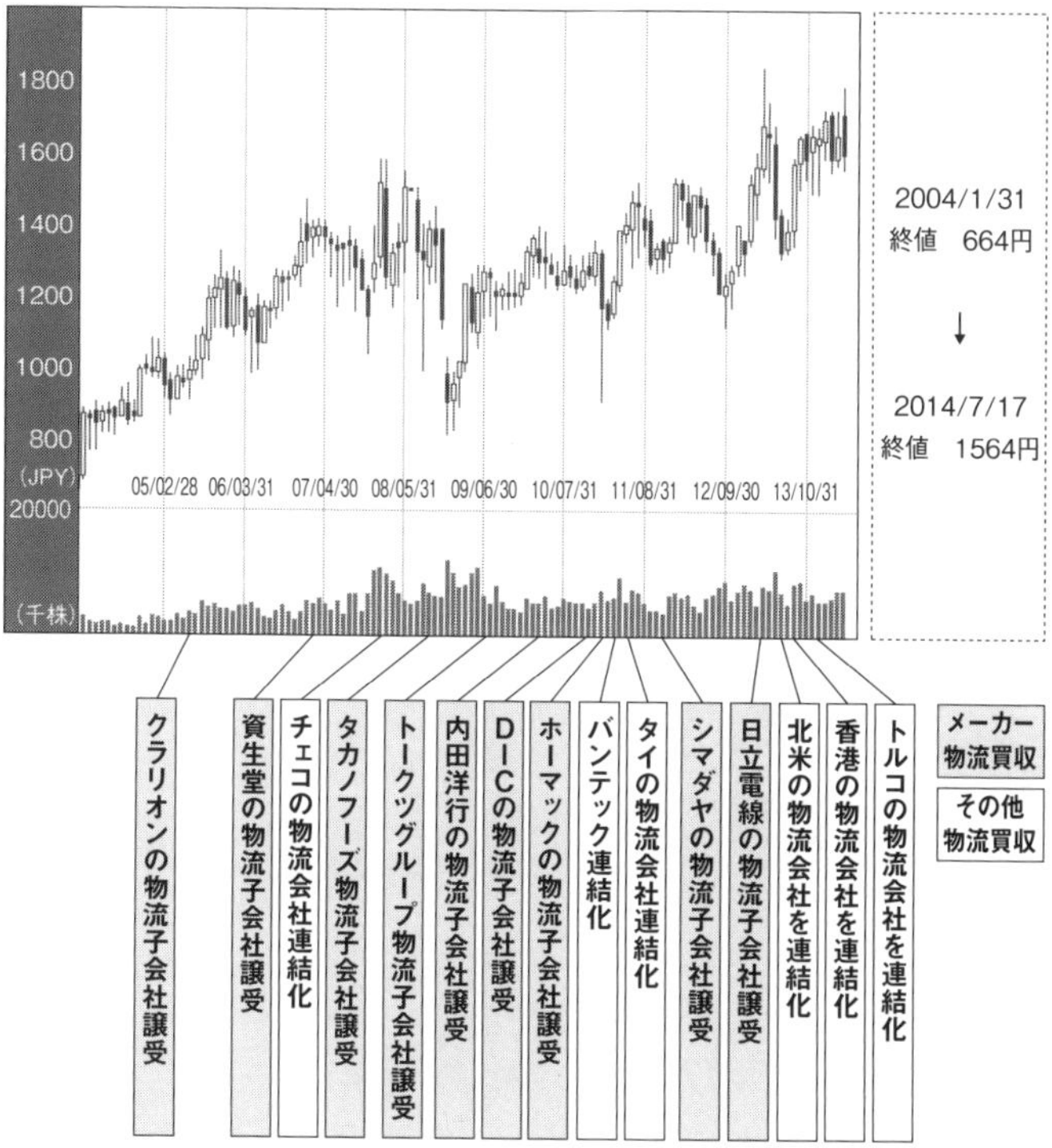

それ以外にも資生堂や内田洋行など大手企業の物流部門や物流子会社の買収を積極的に実施しています。日本通運も同様に、パナソニックなど大手企業の物流子会社の買収を進めています。

「製造業業界」

日本の製造業では、アメリカやドイツに比べて大手企業と中小・中堅企業のＲＯＡ（総資産利益率）差が大きいことが注目されています。自動車部品業界の「系列」に代表されるように、日本では中小・中堅企業は似たような商品を製造している企業が多いため、価格交渉力も収益性も極端に低いためです。

ただし、近年では旧来からの系列が崩れ始め、海外へ製造拠点を移した企業も多く、業界の構造自体が変化し始めています。また、部品を1点ずつ作るのではなくブロック単位で標準化したり、共通化するなどした部品の組み合わせで製品を設計するモジュール化も進んでいます。

製造業は、既存市場におけるシェアの獲得、コスト削減、利益率改善、海外市場への進出、新規技術・特許の獲得などの目的のため各業界での再編が盛んに行われています。

最近では、技術系の商社が自社商品を保有する目的のため製造業を買収する事例も多くなっています。ニッチでエッジの効いた製造業は価格競争力も高く、人気があります。また「酒蔵」を「居酒屋」が買収することにより居酒屋で提供する日本酒を自社商品に替え、一気に販売量を伸ばす事例なども成功事例です。技術力のある製造業と販売力のある卸（商社）・小売などはシナジー効果が高い組み合わせといえます。

「学習塾業界」

学習塾業界は、2014年に発表された代々木ゼミナールの大幅な事業縮小が大きなトピックスでしたが、少子化により業界全体が縮小していく中でのシェア確保に向けたM&Aが活発化しています。

小資本でかつ家庭教師の延長といった個人事業主も多く、人材派遣業界などと同様、小規模事業者が圧倒的に多いのが業界の特徴です。河合塾などのような大規模な学習塾は主要都市に集中し、小規模な学習塾は地方を中心としています。

1991年に30万人程度いた浪人生は3分の1に減少。また、1993年では浪人生は受験生全体の34％と推計されていましたが、2015年にはわずか12％となり、浪人生という言葉自体が消滅しそうな情勢です。そのため大手予備校の収益モデルはここ10年ほどで崩れてしまいました。

大手学習塾の主要なM&A

譲受企業 売上高（億円）	日付	譲渡企業	対象
Z会（増進会出版社） 188	2008/2	学究社（事業譲渡）	高
	2015/5	栄光	小中高
ナガセ 416	2006/8	四谷大塚	小
	2014/10	早稲田塾	高
ベネッセ 4,632	2007/5	東京個別指導学院	小中高
	2007/12	※鉄緑会	高
	2012/2	アップ	小中高
学研HD 901	2007/12	秀文社	小中高
	2009/1	創造学園	小中高
	2009/1	早稲田スクール	小中高
	2013/8	全教研	小中高

※四谷大塚は2011年データ。早稲田は2006年の連結データ。

※実質的親会社であるIGパートナーズ、ファミリーを買収。

出典：SPEEDA

学習塾業界再編の雄たち

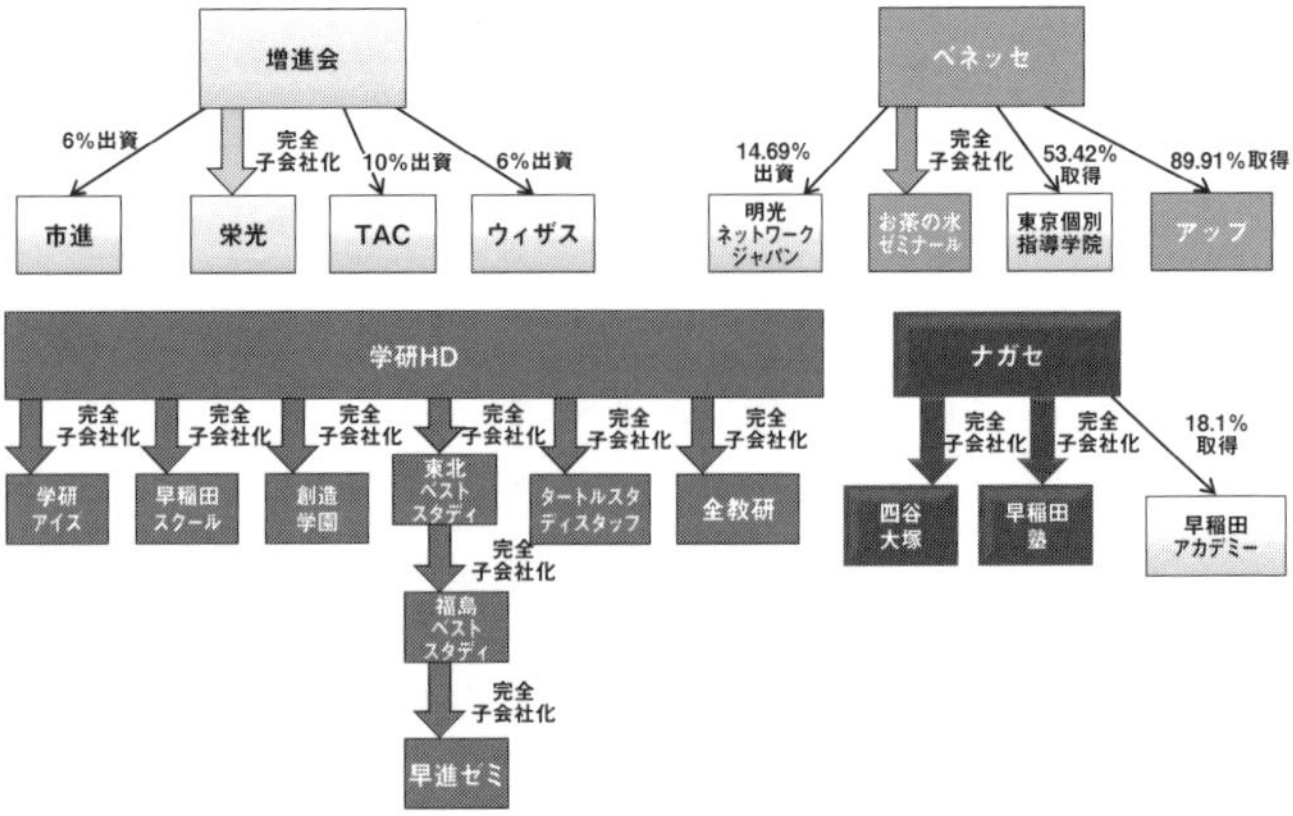

現在、小学校受験から大学受験までの一貫体制による生徒の囲い込みや、個別指導や集団指導など幅広いニーズに対応するため、さらには英会話やスポーツスクールなどまで売り手市場を背景に盛んにＭ＆Ａが行われています。

売り手企業としては、大手企業と有力グループを形成することで教材・映像コンテンツ・講師などの充実が見込め、教務レベルがアップするというメリットがあります。一方、買い手企業としては、他地域へ進出することで新たな市場を獲得し、その地域独特のノウハウや受験対策などを取得できるというメリットがあります。

「業務用食品卸売業界」

卸売業や商社の業界は再編が活発な業界です。同業で提携し、仕入れの量を増やすことで仕入れ値が下がるというメリットを享受しやすい業界だからです。特に、業務用食品卸売業界は、再編が活発な業界ですが、その理由は外食産業が飽和状態にあるうえ、「就業者人口」の減少により市場規模は縮小傾向にあるからです。業界の特徴として、今までは、地域密着型の中小規模の企業が各地に点在しており、小規模ながらも事業を継続することが可能でした。しかし、市場が成熟・衰退していく中で、大手企業がシェアを奪いに各地域に進出してています。大手企業とバッティングすることも増えてきており、商品を安く仕入れることがで

トーホー(兵庫県)の主なM＆A

2014年12月1日現在

※ は未進出都道府県

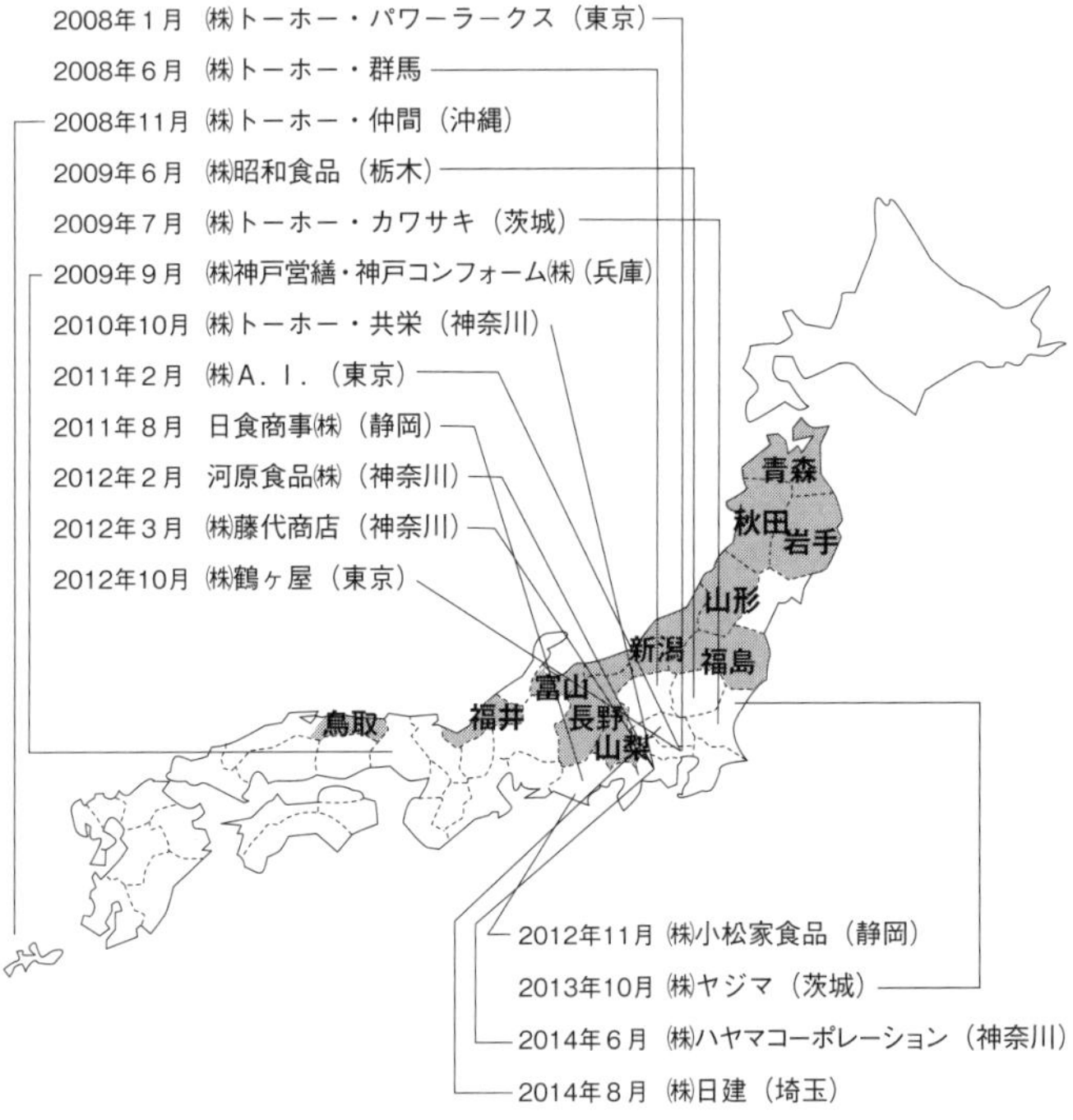

きる大手企業には敵わない中小規模の企業が厳しい状況となってきています。

再編するメリットとして、大手・中堅の有力グループを形成することで、販売先の増加、仕入れ価格の交渉力や顧客に対するきめ細かい物流機能の充実が見込めます。スケールメリットを生かした、仕入価格の交渉力と各地域独自の商習慣のノウハウをスピーディに手にすることにより、収益力の高い企業として成長することができます。トーホー（兵庫県）などの業界トップクラスの業務用食品卸企業は人口数が多い関東圏にM＆Aを用いて進出し、市場のパイを獲得するためM＆Aを積極的に展開しています。

これからどうなる？　日本経済の未来予想図

日本の産業は、ゆるやかに、そして確実に変革の時を迎えています。そのキーワードとなるのが「人口減少」と「グローバル化」です。

日本の人口は2010年の1億2806万人をピークに減少を始め、2030年には1億1662万人に、2060年には8674万人まで減少すると推計されています。

人口減少が始まるとともに、労働者の確保も容易でなくなり、右肩上がりの企業は減少していきます。たとえば、飲食店にしても国内にある飲食店の数は飽和状態にあり、その中で、

1998年〜2005年M&A取引金額の対GDP比率

＊内閣府資料より

日本	2〜3％程度
アメリカ	10.7%
イギリス	21.8%
ドイツ	7.5%
フランス	9.9%

＊国内のM&AはGDP規模から考えると少なくとも2〜3倍に増加することが見込まれる

継続的に成長していくことは困難です。こうした環境のもと、拡大するパイを分け合ってきた時代は終わり、縮小するパイを奪い合う時代へと突入しているのです。

縮小する業界の中では、M&Aによる顧客の獲得が有効に働きます。

たとえば、マンション管理業界やビルメンテナンス業界は今もっとも再編が活発な業界のひとつですが、マンションやビルの新築件数が減ると、すでに他社が押さえている物件を奪いにいかなければならなくなります。すると、営業コストが高くつくために、M&Aで他社を買収・合併することで新規顧客の獲得を狙っていく動きが有効になってきます。

ビルメンテナンス業界では、たとえば、ビルの清掃メインの会社とビルの機械・器具のメンテナンスの会社が統合すれば高いシナジー効果が期待できます。

人口減少の環境の下、成長が鈍化している市場で勝ち抜いていくためには、経営者にはより高度な経営能力が求められていきます。

また、グローバル化の環境では、たとえ国内は閉鎖的な経済環境だといっても、これから日本企業は海外企業と戦っていかなければなりません。同時に外資系企業の日本進出が進んでいる中で日本の企業は勝ち残っていく必要があります。

日本国内のM&A取り引き金額は、GDPに対する比率からするとアメリカなどと比較しても非常に少なく、国内の企業においては、「島国」の中で過当競争を行っていては家電メーカーに代表されるように国際競争力を失っていくだけです。

国内の家電量販店は経営統合が進み、家電メーカーに対する価格支配力が高まりました。しかし、再編が進んでいない家電メーカーは国内のライバル企業に勝つために新規の製品の機能を上げることに躍起になっていきました。消費者のニーズに応えるためでなく、家電量販店の売り場でライバルに勝つための新製品を投入し続けたことで、家電メーカーは利益が圧迫される薄利多売となり、さらには無駄な機能への投資を続けることになってしまったのです。

結果はどうなったでしょうか。ご存知のように日本の家電メーカーは凋落し、アップルやサムスンなどの海外企業はそんな日本企業をしり目に、家電量販店に値引きされない、強い商品、独自の商品を売り出すことに勝機を見出し、業績を大きく伸ばしていったのです。

たとえば日本企業同士が互いにテレビの画質を切磋琢磨して追求しているあいだに、LG電子はイスラム圏でコーランが流れて礼拝の時間を知らせてくれる機能を搭載したテレビを開発販売しています。

日本企業が今後、海外の市場を取り込むためには、国内においてはライバル関係を解消し、業界再編のもとに集約化することで力を合わせて海外に進出していくことが求められています。

第3章

業界再編の大波に乗り、会社を圧倒的高値で売却する

かつて「身売り」や「敵対的買収」というようなマイナスイメージ先行でとらえられ、M＆Aに対する誤解が多く存在しました。

M＆Aはどのような歴史を経て企業の経営戦略として活用されてきたのか。実際にはどのような段取りを経てM＆Aは行われているのか。

M＆Aを経験したことのない経営者の方には大変わかりにくい部分を詳細に解説していきます。正しい知識を学ぶことで、M＆Aを有効活用できれば、間違いなく業界再編の波に上手く乗ることができるでしょう。

日本のM&Aの歴史は30年前

1980年代中盤の日本は、バブル経済の真っただ中でした。多くの企業がバブル景気を享受し、業績が右肩上がりに急成長を遂げていた時代です。この時期、他社を買収したり、自社売却を考える経営者はごく稀で、M＆Aの存在そのものを知る人はほとんどいない状況でした。

変化したのは1980年代終盤。先陣を切ったのが、1988年、ソニーです。アメリカの音楽大手、コロンビア・レコーズ（現ソニー・ミュージック）の買収でした。

これを機に、飛ぶ鳥を落とす勢いだった日本企業のアメリカ企業に対する買収劇がスタートします。続くセゾンが、インターコンチネンタルホテルを買収。翌1989年には、三菱地所がアメリカ経済の象徴ともいわれたロックフェラーセンターを買収。そして、1990年、当時の松下電器(現パナソニック)によるMCA(ユニバーサル映画)の買収。これらが新聞やテレビなどのメディアでも大々的に取り上げられると、「企業買収」という経営手法の存在を多くの人が知ることとなりました。

日本全体が自信に満ち溢れた時代――しかし、そんな時代も長くは続きませんでした。まもなくして巨大に膨れ上がった日本経済のバブルがはじけると、至るところで多くの不良債権問題が明るみになり、大手銀行を中心に金融機関は大きなダメージを受けることになりました。山一證券や北海道拓殖銀行など、潰れるはずはないと思われていた大手企業が破綻し、実態の伴わない過剰な投資を行ってきた企業は存続の危機に直面します。

バブル崩壊後、景気後退期が始まったとされるのが1991年。およそ25年前に日本M&Aセンターが創業した当初、M&Aはまだ大企業のものとされていました。

バブルがはじけた後、時代が求めたものは「救済型・再生型M&A」でした。その代表例が1999年のフランスの自動車メーカー、ルノーによる日産自動車の買収です。破綻寸前にまで傷を深めた日本第2位の名門自動車メーカーは、苦肉の策としてルノーの子会社になるという道を選択します。経営を託されたカルロス・ゴーン氏は、倒産寸前だった日産をわずか1年で業績急回復に導きました。矢継ぎ早にグループの世界全体の社員14万8000人の14％に当たる2万1000人をリストラするほか、工場の閉鎖、購買コストの削減などの大胆な「ゴーン改革」を実行し、2001年5月の決算発表の席上では「日産は復活した」と宣言しました。結果として6844億円の最終連結赤字から、3311億円の黒字に転換しました。まさに大成功を遂げたM＆Aでした。

このような成功劇を目の当たりにしながら、日本企業の多くでは、M＆Aに対する反発や偏見があったのは事実です。

M＆Aには、売り手と買い手の両者が存在します。売り手側の心理を考えると、当時の経営者の多くにとって自社を他社に売却、譲渡することは「経営者としての敗北」を意味していました。一方、買い手側にとっても、世間から「企業を乗っ取る」という悪いイメージを持たれがちで、たとえ友好的な買収でも、業界内での評判を気にする面があったのは事実です。

なぜなら、報道されるのはわずか数件しかない株の買い占めによる大企業の派手な買収劇だけだったからです。そして、バブル崩壊後の1990年代後半から2000年代初頭の

M&Aは海外企業による日本企業の買収の時代です。企業の救済型・再生型も多く、外資系ファンドによる買収が行われる例もありました。破綻寸前でいったん国有化された日本長期信用銀行をリップルウッドが買収したことで、日本でも外資系ファンドの存在が知られることになりました。日本国内には企業体力が残っている企業はおらず、企業再生の知見も少なかったため外資に頼るしかなかったのです。

外資系ファンドのやり方は、当時の日本の企業体質に馴染むものではありませんでした。彼らは〝ハゲタカファンド〟とも呼ばれ、ハゲタカファンドを題材にした小説やドラマが話題になったこともあります。

しかし現実は、日本で当時行われていたM&Aの99%が友好的なM&Aでした。派手な買収劇として世間を賑わせていた敵対的買収は、実際はわずか数件。日本人にM&Aに対する悪いイメージが定着したのは、このハゲタカファンドによるものが大きかったといえるでしょう。

その後、さらにM&Aに対する印象を悪化させる事件が起こりました。M&Aの存在が広く知られることとなったホリエモンこと堀江貴文氏のライブドアによる敵対的買収劇です。

2004年、日本プロ野球の近鉄バファローズの買収騒動で一躍、時代の寵児となった堀江氏は翌2005年、村上世彰氏が率いる村上ファンドと手を組んでフジテレビの親会社で

主な敵対的買収事例
M&Aの中で敵対的買収の件数は0.1%以下

No.	時期	買収企業	被買収企業	詳細説明	結果
1	2007年	スティール パートナーズ	ブルドック ソース	スティールパートナーズ(以下SP社)による株式公開買付期間中に開催された定時株主総会において、買収防衛策の導入(新株予約権無償割り当て←日本企業初の防衛策)が特別決議により承認された。対するSP社は東京地裁に対し、買収防衛策としての新株予約権無償割当ての差し止め仮処分の申立てを行ったが即却下、同日即時抗告している。東京高裁は「乱用的買収者」と初めて認定。不成立には終わったが、SP社は約９億円の売却益を手にしたといわれている。	不成立
2	2007年	スティール パートナーズ	天龍製鋸	完全子会社化を提案するも天龍は断固反対し、事前警告型の買収防衛策導入を発表。株主総会で防衛策が承認されるもスティールパートナーズは出資比率を高める。しかし、筆頭株主になったのち、買収から出資拡大へと発表を変更。2010年には株式を完全売却する。	不成立
3	2007年	スティール パートナーズ	サッポロHD	2007年２月にスティールパートナーズは買収提案。その後サッポロ経営陣との１年間もの交渉も実らず正式に反対表明を受ける。2010年サッポロ経営陣の入れ替えを株主提案するも、委任状獲得競争で他の株主の賛成票を得られず。大株主の生命保険・機関投資家がサッポロとの取引関係上反対票を投じられなかったことが背景にあるとされる。	不成立
4	2007年	ダビンチ パートナーズ	ティーオーシー	ダヴィンチは経営陣の賛同を条件にTOBによる買収を提案していたが、交渉を長期化すれば企業価値が低下すると判断し賛同を待たずTOBへ。ダヴィンチは米国投資会社から支援を受けるも、買付下限数に届かず不成立。	不成立
5	2013年	サーベラス グループ	西武ホール ディングス	TOB終了時、発行済み株式数の３%強の応募がありサーベラスの保有比率は約36%に上昇。重要な議案に対する拒否権３分の１超を確保するものの、買付予定数の上限の44%には及ばなかった。 ・両社は2005年に資本提携し、株式上場を目指して準備を進めてきたが、上場時期や価格、資本契約の見直しなどで意見が対立していた。	不成立

あるニッポン放送の株を大量に買い占めます。しかし、この手法はニッポン放送にとっては「敵対的買収」と呼ばれるもので、到底歓迎されるものではありませんでした。

この2件の敵対的買収劇は連日のように報道され、会社の買収など関心のなかった一般市民にまで広くM&Aが知られるきっかけとなったのは、多くの皆さんの記憶にあるでしょう。

団塊の世代を中心に事業承継型M&Aが注目を集める

日本でのM&Aの黎明期から20年、マイナスイメージを背負い続けてきたM&Aが、ハゲタカファンドの企業乗っ取りやライブドアによる敵対的買収という象徴的〝事件〟を経て2000年代後半になると、いよいよ大きな転換期を迎えます。

それが「2012年問題」です。1947年から1949年に生まれた団塊の世代が定年年齢に達し、団塊世代の大量退職で深刻な人手不足や技能空洞化が生まれる懸念と、企業社会の根幹を支えてきた世代が大量退職することで、世代間での熟練技術の継承にも問題が起こりかねないという問題です。

この問題は、同じように経営者たちを直撃しました。経営者は、サラリーマンでいえば退職する年齢の65歳を迎えた2012年頃から、深刻な後継者不在問題に気づき始めるのです。

この２０１２年問題は、経営者たちにＭ＆Ａの必要性を強烈に認識させることとなりました。そのＭ＆Ａのスタイルが、それまでの敵対的買収や救済型・再生型とはまったく違う「事業承継型Ｍ＆Ａ」です。

１９８０年頃は80％以上の中小・中堅企業が子供に会社を承継していたのが、２０１２年問題と経済状況、価値観、ライフスタイルの変化で、会社を子供に継げない、子供も会社を継がないというケースが急増したと２００４年版の「中小企業白書」で報告されました。

第１章でも述べたように、２０１５年現在、中小企業のおよそ3分の2にあたる65・４％の企業に後継者がいない時代です。後継者問題で悩む経営者たちの間でＭ＆Ａのメリット（会社の存続・創業者利益の獲得・社員の雇用の維持・重圧からの解放）が認識され始めると、日本における中小企業のＭ＆Ａ件数は飛躍的に増加しました。

事業承継の有効な手段としてＭ＆Ａがあることが経営者たちの間で広く知られるようになり、実際に知り合いの経営者が会社をＭ＆Ａで譲渡するケースも増えてきました。その経営者のＭ＆Ａ後の様子を見てみると、会社名はそのままで、同じ場所でまったく同じように営業しています。また、従業員のリストラもなければ、親会社から経営陣がやってきて乗っ取られたというわけでもありません。しかも、社長自身は引退し、精神的な重圧から解放されてじつに幸せそうです。毎月、奥さんと２人で海外旅行に出かけているというような話も耳にするようになります。

このような事実を目の当たりにする経営者が増えたことで、M&Aへの不安や違和感が徐々に薄れるようになりました。

実際、数字が事実を物語っています。企業を譲渡する割合は、バブル期に6%だったものが、近年では40%まで増加しています。同時に、会社を譲渡されるオーナーの年齢にも変化が表れてきています。以前は65歳で引退を考えるオーナーが多かったのが、現在は10歳ほど早い55歳前後で会社を売却するオーナー経営者が増えてきているのは前述の通りです。

M&Aの目的が事業承継から経営戦略型や業界再編型へシフト

「事業承継型M&A」が急増し始めた2000年代後半からは、同時に2つの動きが生まれてきました。それが「経営戦略型M&A」と「業界再編型M&A」です。

M&Aに対する経営者の価値観や意識が変革し、M&Aはマイナスイメージではなく、積極的な企業の成長戦略として考える経営者が増えてきました。

買い手側の大手企業としての代表例がソフトバンクと日本電産です。

ソフトバンクの孫正義社長は、株式を店頭公開した1990年代からすでにM&Aを行っています。失敗を数多く経験しながらも、2000年代に入り、日本テレコムから固定電話部門を買収すると2005年には念願の携帯電話事業への参入が認可され、ボーダフォンを買収しました。その後も、PHSのウィルコムの買収に続き、2012年モバイルデータ通信のイー・アクセス、翌2013年にはアメリカの携帯キャリアで業界第3位のスプリント・ネクステルの買収で大きな結果を出しています。特に、日本テレコムとボーダフォン、ウィルコムの3社は、買収後に業績が低迷から脱し、急成長を遂げたのは皆さんもご存知のとおりです。

次に日本電産のケースを見ていきましょう。永守重信社長は、M&Aによって大きな成功を手にしてきた経営者です。「M&Aの達人」とも称される永守社長の哲学は、「M&Aによって、自力では賄えない技術や市場の力を相互補完し助け合う」というものでした。

日本電産は、1973年にモーターの開発、製造、販売の会社として創業し、当初4人の社員との船出だったといいます。その後、本業を強化するためにM&Aによる企業の買収を行っていきました。1984年、最初のM&Aの成功から、2015年8月に実施したスペインのプレス機器メーカーの買収まで、31年間でなんと43件（国内24社／海外19社）のM&Aを成功させ、売上高が1兆円を超えるまでに会社を成長させました。

日本電産の成長戦略

日本電産の主なM&A

国内			
No	年	月	
2	1989年(平成元年)	1月	デーシーパック
3	1989年(平成元年)	3月	信濃特機
5	1992年(平成4)	1月	シーゲート社　精密複合部品部門
6	1993年(平成5)	10月	真坂電子
7	1995年(平成7)	2月	共立マシナリ
8	1995年(平成7)	2月	シンポ工業
9	1996年(平成8)	2月	大三工業
10	1997年(平成9)	3月	トーソク
11	1997年(平成9)	4月	リードエレクトロニクス
12	1997年(平成9)	5月	京利工業
13	1997年(平成9)	10月	日本電産　パワーゼネラル
15	1998年(平成10)	2月	コパル
16	1998年(平成10)	2月	コパル電子
17	1998年(平成10)	2月	ピー・エス・テー
18	1998年(平成10)	10月	芝浦電産
19	1999年(平成11)	5月	共和ハイテック
20	1999年(平成11)	10月	ネミコン
21	2000年(平成12)	3月	ワイ・イー・ドライブ
23	2003年(平成15)	10月	三協精機製作所
24	2006年(平成18)	11月	フジソク
27	2007年(平成19)	4月	日本サーボ
31	2011年(平成23)	7月	三洋精密
38	2014年(平成26)	1月	三菱マテリアルシーエムアイ
39	2014年(平成26)	3月	ホンダエレシス

海外			
No	年	月	
1	1984年(昭和59)	2月	トリン社　軸流ファン部門(アメリカ)
4	1991年(平成3)	5月	パワーゼネラル社(アメリカ)
14	1998年(平成10)	2月	コーンアートキルンINC(カナダ)
22	2000年(平成12)	10月	シーゲート社 ランシット工場モータ部門(タイ)
25	2006年(平成18)	12月	ヴァレオ社 モーター&アクチュエーター事業部門(フランス)
26	2007年(平成19)	2月	Brilliant社(シンガポール)
28	2010年(平成22)	1月	ACC社 家電用モータ事業(イタリア)
29	2010年(平成22)	2月	SC WADO Co., Ltd(タイ)
30	2010年(平成22)	10月	Emerson Electric社 モーター&コントロール事業(アメリカ)
32	2012年(平成24)	4月	The Minster Machine Company(アメリカ)
33	2012年(平成24)	6月	Ansaldo Sistemi Industriali 社(イタリア)
34	2012年(平成24)	9月	Avtron Industrial Automation, Inc.(アメリカ)
35	2012年(平成24)	10月	SCD Co., Ltd.(韓国)
36	2012年(平成24)	11月	Kinetek Group Inc.(アメリカ)
37	2012年(平成24)	12月	江蘇凱宇汽車電器有限公司(中国)
40	2015年(平成27)	2月	Geräte- und Pumpenbau GmbH Dr. Eugen Schmidt(ドイツ)
41	2015年(平成27)	5月	Motortecnica s.r.l.(イタリア)
42	2015年(平成27)	7月	China Tex Mechanical & Electrical Engineering社 SRモータ・ドライブ事業(中国)
43	2015年(平成27)	8月	Arisa, S.A.(スペイン)

時代と共にM&Aの目的が変化

M&Aの目的		[大企業のM&A時代]	[中小・中堅企業のM&A時代]	
	1980年代	1990年代	2000年代	2015年～
	日本企業による海外企業のM&A	選択と集中（多角化の修正）	事業承継	業界再編

両者に共通するものは何でしょうか。それは、持続的成長を目指す確固たる経営哲学、そして既成概念にとらわれない柔軟性です。経営哲学は、「技術や販路を育てて大きくするための時間と人材はＭ＆Ａによって手に入れ、買い手と売り手双方が相乗効果を発揮して成長を目指していく」というものです。そして、会社を成長させるには古い価値観や業界のしきたりにとらわれない柔軟性と革新性が重要です。

このような大きなビジョンを持ち、Ｍ＆Ａでの成功実績のある業界のリーダーのもとには、志を同じくした中小・中堅企業の経営者が集まり業界再編の機運が高まります。

わかりやすい例が第１章・２章で述べた２０００年代前半の都市銀行の再編における４大銀行の誕生です。銀行再編の動きは国内のお金の流れを変えたため、周りへと波及し、さまざまな業界で企業の再編が起こり始めました。そして、その動きにいち早く呼応し、会社の売り時を逃さずＭ＆Ａで大きな利益とメリットを手にした中小企業の経営者が現れました。

これらの中小・中堅企業の経営者は、日本を代表する大企業となったソフトバンクと日本電産の経営者とまったく同じような志のもとで行動しました。単独での成長の限界を早期に判断し、自社を高く評価してくれる会社やシナジー効果の見込める会社に戦略的に売却を進めました。このような経営者が日本に徐々に増え、業界再編型のM&Aの動きが今、活発化しています。

今後、この流れはさらに大きくなると予想されます。それに伴い、多種業界の勢力図が激変します。この変化の中から、企業のあるべき未来の形がつくられていくのです。

【コラム⑧】〈M&Aは経営者にとっての魔法の武器〉

M&Aは、マーケティングの世界から考えると魔法のような飛び道具です。恐ろしいことに、昨日まで肩を並べていたはずのライバル企業が、気づくと業界トップ企業と手を組んで、手の届かないところにいることもあります。

10年ほど前まで、M&Aは大企業のものであり、中小・中堅企業のオーナー経営者にとっては縁遠いものでした。

しかし、中小・中堅企業は、激動の時代を迎えました。オーナー一族によりファミリー企業が個別に成長していく時代は終焉を迎え、経営者はM&Aという武器を手に入れたのです。まさに魔法のような飛び道具、M&A――。

今やアメリカ同様に、中小・中堅企業のオーナー経営者にとってM&Aによる「Exit」は成功者の証しであり、「人生の勝者」となるのです。

経営者は自社の正しい価値、値段を知らない

セミナーなどで企業のオーナー経営者によく話す、〝たとえ話〟があります。

1本のペットボトル飲料があります。

売り手企業は、できるだけ高く売りたいと考えます。しかし売り手企業でさえも「ペットボトルの中身は何なのか?」「どのくらいの価値があるのか?」が正確に把握できていません。なんとなく値付けして、「いくらなら買ってくれますか?」などと相手に値段を尋ねている状態です。

一方、買い手企業も中身が何なのか把握していません。にもかかわらず、何もわからない状態のままに買おうとしたり、実際に買ってしまったりします。

双方納得済みの売買ではありますが、いざ飲んでみると、自分の嗜好に合っていなかったり、まずくて飲めなかったりして、買い手はあとになって後悔します。

じつは、M&Aでも同じことがいえます。ペットボトルは数百円レベルなので、失敗してもあきらめはつきますが、企業のM&Aの場合は、あとから価格がまったく折り合わなかったり、期待したシナジー効果のない組み合わせだったりといったことが、しばしばあります。売り手・買い手双方の企業にとって、大きな痛手です。

そこで必要となるのが、第三者であるM&Aコンサルタントです。ボトルの「中身」と「価値」を豊富な知識と経験をもとに判断できるからです。

コンサルタントは、最初に売り手企業のオーナーの話を聞いて、中身の成分（会社の内容や状況）を調査します。その調査からわかった「会社の中身」と「本当の価値」について報告書にまとめて、会社が商品として実際に「いくらの金額で売れるのか」を報告・提案します。

M&Aを成功に導くために大切なのは、第一に「会社の正しい価値を算出する」ことです。その算出には、専門家の知識と経験が必要です。どんなに数字に強い経営者でも、自分の会社の価値を正当に判断することは大変難しい作業です。

次に、会社の価値がわかり、売り手企業のオーナーに納得してもらったら、M&Aコンサルタントは、ラベルと値の付いたペットボトルを誰に買ってもらうかの検討をします。

たとえば、100円の価値のある水の入ったペットボトルを買い手希望の企業のオーナーの3人に打診したとしましょう。3人に絞り込む作業は、当社の場合、160人以上のM&Aコンサルタントが行います。まずは膨大なデータバンクの中から約300人に絞り込み、さらに検討を重ね、最終的に買い手は3人に絞り込みます。

我々が提示した金額に対し、三人三様の反応を示します。

買い手企業候補のAさんは、「それは高すぎる。80円なら買いましょう」と言いました。

Bさんは、「100円ならちょうどいい、買いましょう」と言いました。

Cさんに薦めてみると、「それなら、私は120円で買いますよ」と言いました。

果たして、3人のうち誰に買ってもらうのが一番良い選択なのでしょうか。

最良の相手探しと、売り手と買い手の最良のマッチングは、金額だけでは成立しないのは言うまでもありません。社風や理念、志が共通しているか、統合・合併後に最大のシナジー効果が得られるかなど、多角的に見ることが重要です。この最適な相手とのマッチングを導くのがM&Aコンサルタントの重要な仕事なのです。

ここまで、日本におけるM&Aの歴史と、M&Aの種類、そしてM&Aコンサルタントの必要性などについて解説しました。次からは、実際の現場で行われているM&Aについて、売り手側の視点を中心に説明していきます。具体的なプロセスを実務手順に沿って、図解チャートを交えて紹介します。

事業承継型、経営戦略型、業界再編型など、今後さらにM&Aは急増していくことが予想されます。ご自身と会社の状況を見合わせながら、M&Aの各段階ですべきことが一目瞭然で把握できるようわかりやすく解説していきます。

M&Aの手順にも起承転結がある

物語には起承転結があるように、M&Aという一大事業にも起承転結があります。

ここでは、流れに従って、日本M&Aセンターで通常行われている実務手順を紹介します。やるべき手順は以下の6ステップです。

㊀起 ①受託
㊀承 ②案件化（書類作り）
③マッチング（登録されている膨大な企業から適切な相手先選定）

㊟ ④買い手提案

㊕ ⑤交渉（トップ面談・法的拘束力のない基本合意契約）

⑥クロージング

まず、「起」にあたるのが図Aの「①受託」の部分です。当社に相談に来られる方は、全国で開催される日本M&Aセンター主催のM&Aセミナーの参加者や、電話やウェブサイトから寄せられる直接のお客様か、地銀や大手証券会社などの金融機関、税理士や公認会計士などの会計事務所といった当社の持つ全国ネットワークからの紹介という、大きく2つの流れがあります。

相談者の方とは、最初に「個別相談」を行います。どのような経営方針を持っているのか、今困っていることは何なのかなど、会社や社長ご本人についてヒアリングします。

次に、業界の外部環境に関する情報やM&Aの基礎知識などをお話しします。

希望される方には、自社の価値が現在どのくらいあるのかについての目安として株価を算出してお伝えします。それまで数十年間、心血を注いで経営してこられた会社に、どのくらいの値段がつくのかを知りたいという社長は多いですし、現状を知ることは経営者にとって大切な作業でもあります。

一般的なM&Aの流れは起承転結

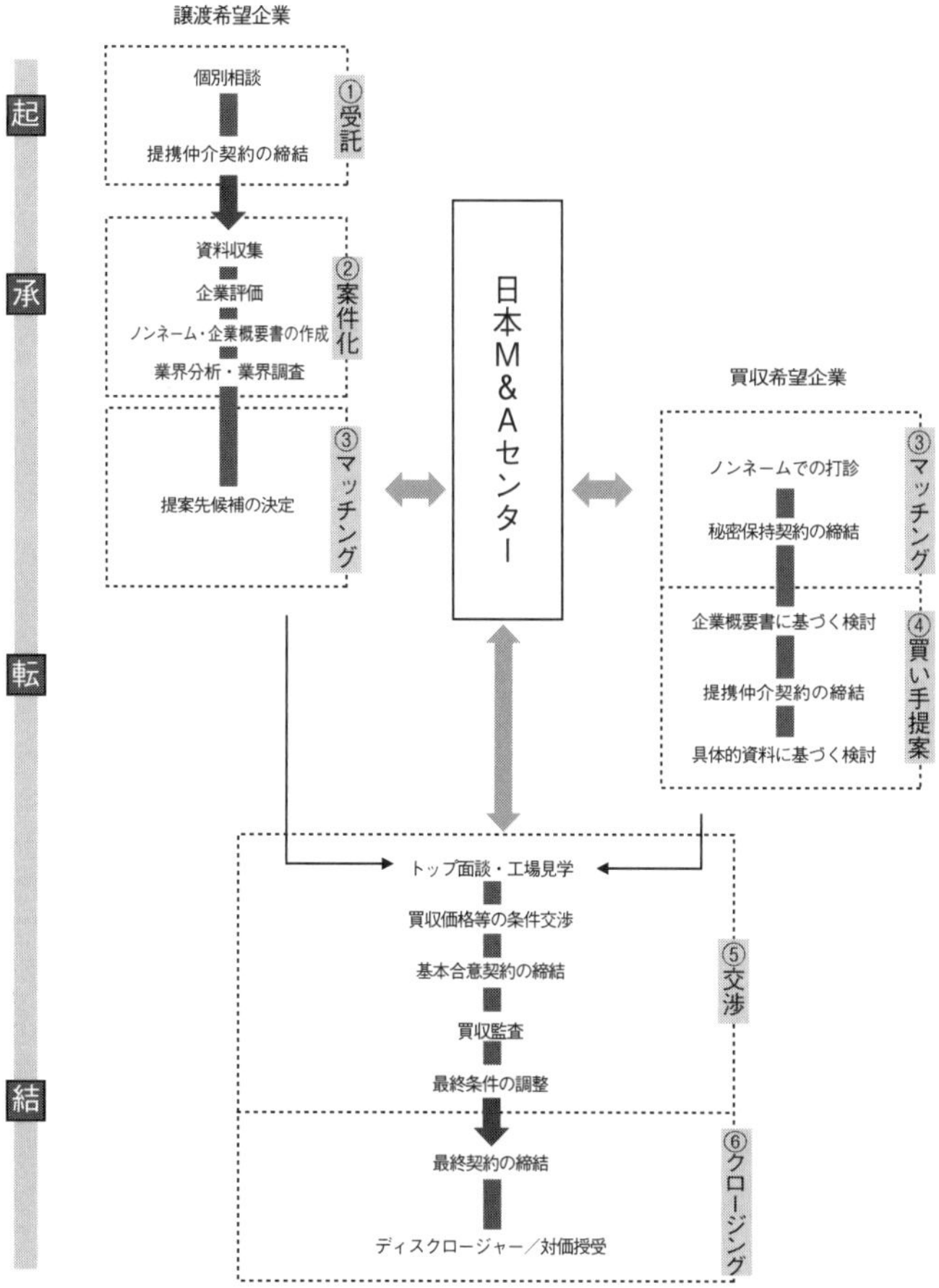
譲渡希望企業
起
承
転
結
個別相談
提携仲介契約の締結
①受託
資料収集
企業評価
ノンネーム・企業概要書の作成
業界分析・業界調査
②案件化
提案先候補の決定
③マッチング
日本M&Aセンター
買収希望企業
ノンネームでの打診
秘密保持契約の締結
③マッチング
企業概要書に基づく検討
提携仲介契約の締結
具体的資料に基づく検討
④買い手提案
トップ面談・工場見学
買収価格等の条件交渉
基本合意契約の締結
買収監査
最終条件の調整
⑤交渉
最終契約の締結
ディスクロージャー／対価授受
⑥クロージング

〔受託〕M&Aコンサルタントとの個別相談から始まるM&A

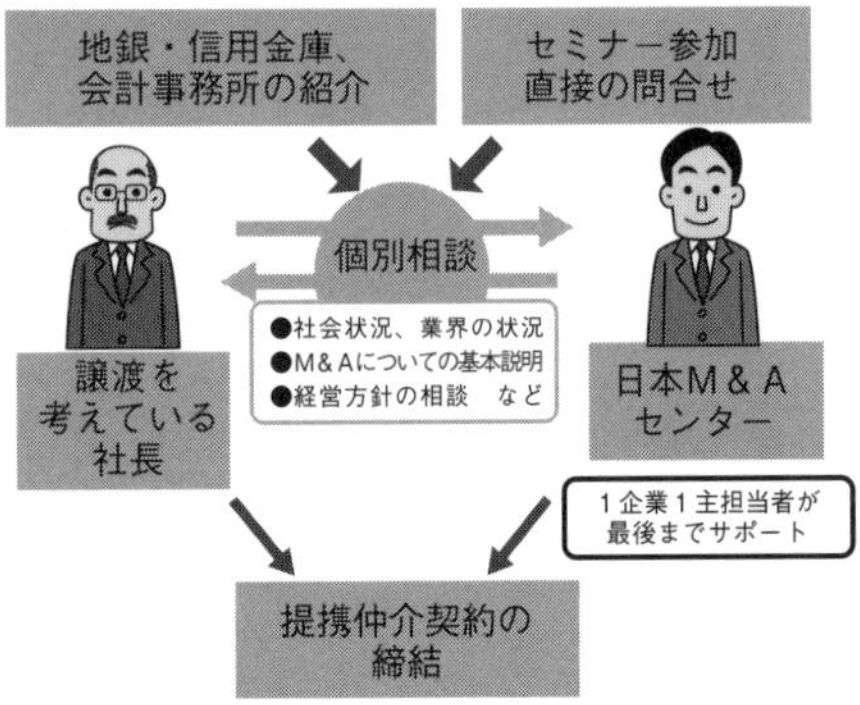

さて、ここで重要なことが2つあります。社長自身のM&Aに対する納得感と覚悟です。最近では初めから譲渡希望で覚悟が決まって相談に来られる社長も増えていますが、この段階では自社が買い手なのか売り手なのかも判断がついていない社長や、自社の状況から自分が売り手だと頭ではわかっていても、なかなか会社を譲渡する決断ができていない社長もいらっしゃいます。

そうした社長とは、「なぜ今、会社をM&Aで譲渡するのか」「会社の幸せ、社員の幸せとは何なのか」「社長ご自身の幸せや未来への希望は何なのか」などについて話し合います。

ここでM&Aについて納得できた場合、当社と「提携仲介契約（アドバイザリー契約）」

を結ぶことになります。それと同時に、我々M&Aコンサルタントは、成約に導き成功するための最大限の努力を惜しまないことを社長に誓います。

提携仲介契約とは、「譲渡希望の会社がM&Aに関する業務を仲介会社に委託する」という契約です。この提携仲介契約が締結すると、いよいよM&Aのスタートを切ったことになります。当社では、「一企業一主担当」のシステムをとり、最終契約の締結まで主担当者のM&Aコンサルタントがすべてのプロセスにおいて、譲渡希望の会社社長に寄り添いながら作業を進めていきます。

M&Aの過程では会社の情報収集は欠かせない

次が起承転結の「承」です。M&Aでは「②案件化」のステップです。

案件化とは、譲渡希望会社の情報を把握して、買い手希望の会社に提案するための資料を作成することで、「資料収集」「企業評価」「企業概要書の作成」「業界分析・業界調査」という作業を行います。

しばしば、M&Aは結婚にたとえられます。お見合いの前には、まず相手の写真やプロフィールを見ることになりますが、これらを作成する作業がM&Aにおける案件化だと考え

〔案件化〕相手探しのための資料を作成

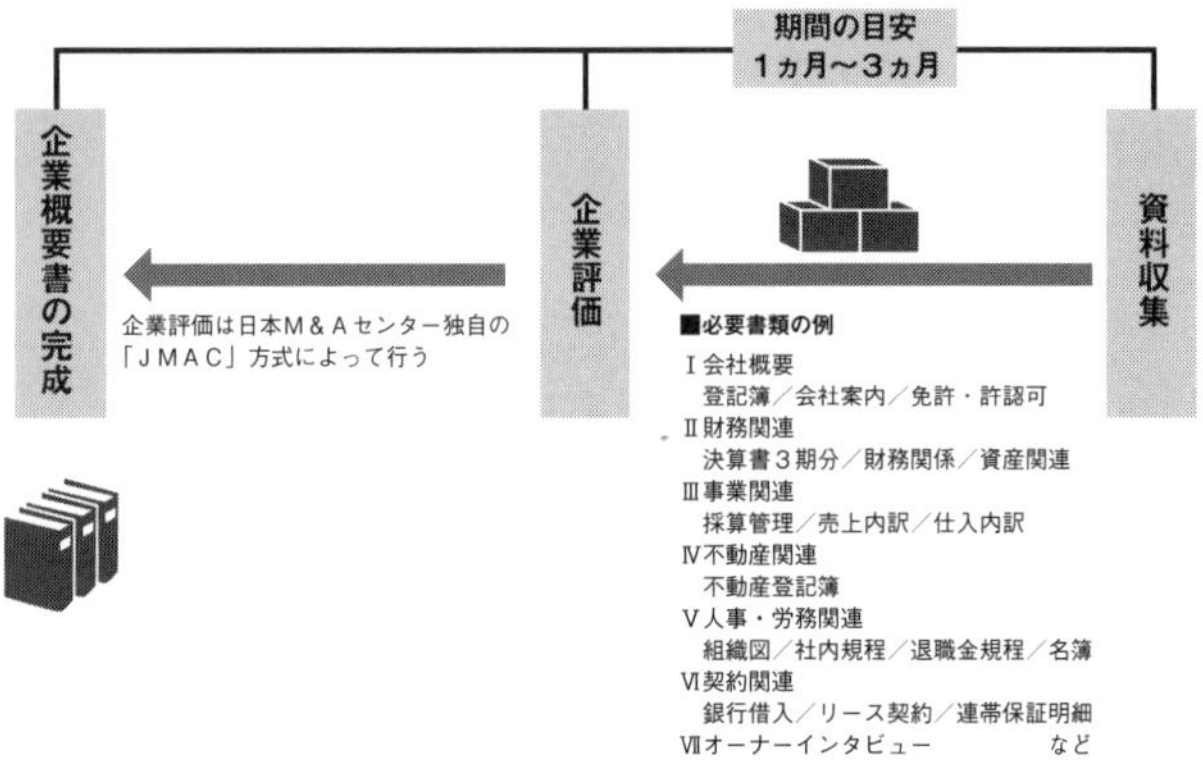

ていただくとわかりやすいと思います。

案件化にあたっては、さまざまな資料を収集します。目的は、譲渡希望会社の価値を正確に評価し、最適なお相手を選択するためです。情報を徹底的に収集することによって、トラブルが回避されます。

次の「転」の項でも詳しく解説しますが、買い手企業へは、売り手企業の正確な資料をお渡ししなければなりません。両社の最適なマッチングを仲介するのが我々M&Aコンサルタントの最大の仕事ですから、案件化にあたっての資料収集を非常に重要視しています。

ところで、資料収集をするうえで、売り手企業の社長がやるべきことが2点あります。

1点めは、企業情報資料の提出です。必要な書類を次ページに一覧としてまとめてみました。

「こんなに多くの資料が必要なのか？」と驚かれる社長もいらっしゃいますが、企業の実態を知るには最低限、必要となる資料です。買い手企業側が当然、求めてくる情報ばかりです。中小・中堅企業の場合、これらの資料がすぐに提出できる状態で管理保管されていないことも多く、用意するのは大変ですが、必ず必要な書類です。情報収集は、労力と根気の要る作業ですし、社長はこれらの資料を誰にも知られず秘密裏に集めなければいけません。精神的にきつくなった場合は、M&Aコンサルタントがいつでもフォローできる態勢を整えています。

M&Aの鉄則のひとつに「秘密保持に始まり、秘密保持で終わる」というものがあります。M&Aを成功させるには、情報が外部に漏れることは絶対に避けなければいけません。交渉の段階で情報が漏れてしまうと、思わぬトラブルの火種になることが往々にしてあるからです。

たとえば、次のような失敗例を聞いたことがあります。ある会社がM&Aを進めていると、その情報が外部に漏洩してしまいました。噂は、地域や業界へ一斉に広まります。ご存知のように業界は非常に狭く、企業は他社の動向に逐一、目を光らせています。M&Aのことを

相手探しの必要資料

	必要資料
概要	会社案内・会社経歴書・工場案内等 定款(最新のもの) 会社商業登記簿謄本(法務局より最新の履歴事項全部証明書を入手下さい) 株主名簿 議事録(株主総会、取締役会、経営会議等　添付資料含む)
財務	決算書・期末残高試算表・勘定科目内訳明細　3期分 法人税・住民税・事業税・消費税申告書　3期分 減価償却資産台帳(直近期末分) 月次試算表(直近期1年分及び進行期分→着手後も定期的にご提出下さい) 資金繰表(実績及び予定) 支払保険料内訳・租税公課内訳(総勘定元帳の写しなど)　3期分 固定資産税課税明細書(最新分) 土地・建物の登記簿謄本(法務局より最新の全部事項証明書を入手下さい)公図等 事業計画(作成していれば。今後5期程度の予想売上・利益・設備投資等)
営業	製品・サービスのカタログ 店舗・事業所の概況(所在地、人員数等) 採算管理資料(部門別・商品(製品)別・取引先別等)　3期分　要約したもの 売上内訳(部門別・商品(製品)別・取引先別等)　3期分　要約したもの 仕入内訳(部門別・商品(製品)別・取引先別等)　3期分　要約したもの
人事	組織図(組織別人員数もわかるもの) 主要役員・部門長の経歴書 従業員名簿(生年月日・入社年月日・役職・取得資格のわかるもの) 社内規程(特に就業規則、給与・賃金規程、退職金規程) 給与台帳(直近期末分)
契約	土地・建物の賃貸借契約書 銀行借入金残高一覧(返済予定表、差入担保一覧) 保険積立金の解約返戻金資料(直近期末時点の金額を保険会社等より入手下さい) 株式・ゴルフ会員権等の保有数量がわかる資料(取引残高報告書、現物集計など) 金融商品・デリバティブ(為替予約、スワップ、仕組み債等)の最新時価資料 取引先との取引基本契約書 生産・販売委託契約書 リース契約一覧 連帯保証人明細表 株主間協定書(あれば) その他経営にかかわる重要な契約書
許認可	事業活動に必要な全ての免許、許認可、登録、届出の各書類
オーナー	住民票・印鑑証明書
全般	インタビューシート(当社指定フォーム)

何も知らない人は、「あの会社はそんなに業績が悪かったのか……」「身売りするとは、あの会社も地に落ちたものだ……」と、根も葉もない噂を立てます。その情報を聞いた取引先や仕入れ先が取引量を減らし、取引金額の変更を迫ってきました。結局、この会社は業績が悪化し、M&Aの交渉が暗礁に乗り上げ、最終的に経営難に陥ってしまったようです。

成功した譲渡希望の社長の中には、M&Aの契約締結後の発表のときまで、役員はおろか、家族にすら話さなかったという方もいらっしゃいます。膨大な資料を自分で用意したり、経理担当社員には「税務調査が入ったから」というような口実で資料を集めてもらうなど、どの経営者も苦心をして用意しています。

売り手企業の社長は、常に孤独です。自分がここまで大切に育ててきた会社を手放すことへの寂しさと、誰にも相談できない心細さが常につきまとうからです。この孤独から逃れるため、お酒が入った席で経営者仲間に話してしまったり、つい腹心の部下に相談してしまったりということもあります。

一般的に、買い手企業側から情報が漏洩すると思われがちですが、実際は譲渡希望の売り手企業側から漏れることが多いのが現状です。もし、つらくなったときには、身内ではなく我々M&Aコンサルタントに愚痴をこぼしてください。

なお、マッチングを行う際は、当然、買い手企業とは秘密保持契約を結びます。情報が漏洩した場合、売り手企業への経済的、道義的責任が発生するからです。

やるべきことの2点めは、会社の情報についてできるだけ詳しく、そして隠さずに話すことです。

数十年も会社を経営していれば、隠しておきたいようなことがたくさんあります。経営者として恥ずかしい、またはM&Aで不利になることは隠しておきたいという心情はわかります。しかし、それは正しい選択ではありません。M&Aが進めば、いずれすべてが明らかになります。上手く隠し通せても、どこかで必ず大きなトラブルを引き起こすことになります。たとえば、黒字を装って粉飾決算をしていた、社長が個人的に連帯保証をしていて借金がある、社員への未払い残業代がある、などです。問題が発覚すれば、買い手企業の信用を失います。また、買収金額を下げられる要因にもなり、M&A後に問題が発覚すればシナジー効果どころかマイナス効果だったという例は過去にもあります。

譲渡理由や社長個人のこと、家族のことなど、どんなことでもM&Aコンサルタントに相談してください。この段階であれば、問題があっても大抵のことは調整できます。

独自の手法による企業評価と株価算出

売り手企業の情報収集が完了すると「企業評価」に着手します。企業評価をするにあたっては、大きく3つのアプローチを行います。

1．会社情報の把握
（必要書類と社長からヒアリングした情報）

2．定量分析（会社の資産の把握と時価換算というプラスの部分と、負債等のリスクのマイナス部分の把握）

3．会社の定性分析

2つめの「定量分析」は、自己資本の金額や純資産の金額（規模）、資産全体に占める自己資本の割合、短期的な支払い能力（安全性）、効率的な資産運用によって売り上げや利益を生んでいるか、借入をどの程度の期間で返済可能か、といった観点から分析されます。3つめの定性面より、定量面のほうが信用格付けのウエイトは大きく占めることになります。決算書の透明性や開示性の水準も分析されます。

会社の決算書は、企業の経営成績と財政状態を数値として適正に示したものです。それをどのようにして達成したかを知るための情報が、3の会社の「定性分析」です。「定性分析」は、定量分析のよう数値化しにくい部分です。営業力や人材の資質、業界の成長など、会社の弱み・強みを以下の観点から評価します。

・経営者の資質（社長の経歴）
・幹部社員の資質（経歴と実績）
・譲渡を決断した理由
・ビジネスモデルと営業構造
・今後の設備投資計画
・特許の所有権と、その特性
・土壌汚染などの有無（工場の場合）
・労働組合の有無、上部団体の特質

・業界の動向と成長性
・業界の許認可等の動向

企業の価値を算出するには、さまざまな方法や計算式がありますが、当社の場合は、前述の情報をもとに、これまでの経験に基づいた独自の方法で評価していきます。

そのうえで、売り手企業の社長と譲渡希望価格をすり合わせ、最終的な提案価格を決定します。

一見すると、我々M&Aコンサルタントが勝手に値付けをしているように思われるかもしれませんが、そうではありません。会社の中身を調査、分析して、さまざまな角度から適正な値段を算出する、というのがM&Aコンサルタントの仕事のひとつです。

さて、これらの情報材料がそろうと、次に「企業概要書」を作成します。企業概要書を提案する前に「ノンネームシート」つまり匿名での提案をします。初期段階では会社が特定されないように社名は伏せられます。通常、A4用紙1枚に、「業務内容」「地域」「社員数」「売上高」「譲渡理由」「特徴」などが記されます。買い手企業がまだ検討するかどうかわからない段階であるため、秘密保持の観点からこのような簡易な形式になっています。

日本M&Aセンターのノンネームシートフォーム

厳秘

平成27年●月●日

譲渡希望企業のご案内

（ノンネームシート）

事業内容　：●●●の企画・製造卸

所　在　地　：関東

売　上　高　：●億円以上

従業員数　：約●名

ス キ ー ム　：全株式の譲渡（100％）

譲渡理由　：後継者不在、自社の更なる発展のため

特　　　徴　
①自社物流倉庫を全国に備え、同業他社に比べたコスト優位性、スピーディー対応を実現
②近年はメーカー機能強化に力を入れており、高品質・安全・安価な商品供給体制を整備
③大手ホームセンター、ショッピングセンター、家電量販店等に販路を有する

（本情報の取扱について）

本日は、貴社の今後の経営戦略上、相乗効果があると思われる譲渡希望企業に関する情報を提供させていただきました。なお、本情報は、貴社を信頼したうえでの情報提供であり、また、譲渡希望企業にとりましては、絶対に漏洩されてはならない極秘情報ですので、本情報を第三者にFAXする等により情報が漏れることがないよう、取扱いには充分ご留意くださいますようお願い申し上げます。

特徴をノンネームシートに詳しく書きすぎれば譲渡企業が特定される情報漏洩リスクが高まります。一方、そのリスクを恐れるあまりぼかしすぎれば、買い手候補企業の関心の有無が適切にはかれないことになります。

日本M&Aセンターの場合、秘密保持に最大限注意を払うとともに、そのバランスにも留意しながら適切なノンネーム資料を作成しています。

次に、ノンネーム資料で興味を持った買い手企業が、さらに検討を進めるために提案されるのが「企業概要書」です。買い手候補企業がノンネームによる提案を受けて、対象の譲渡案件に興味を持った場合、社名を含めた情報が記載された情報に基づく検討に入っていきます。その際、ここで買い手企業とは必ず「秘密保持契約」を締結します。この締結が行われて初めて、買い手候補の企業に対して譲渡希望の会社名が明かされます。

「企業概要書」は、1社当たり数十ページにも及ぶ資料で、我々M&Aコンサルタントは、売り手企業の社長と二人三脚で時間をかけて作成していきます。前述の会社資料がすべてそろっていれば半月ほどでスムーズに完了する場合もありますが、通常、綿密な「企業概要書」作りには1カ月程度かかります。「企業概要書」の内容は次の項目によって構成されます。

・企業理念や創業の経緯

・貴社への提案の趣旨（得られるシナジー効果など）
・譲渡企業の会社概要（会社名、住所、資本金、社員数、売上高など）
・会社資産
・財務ハイライト
・財務内容3期比較（過年度のP／L、B／Sなど）
・主要製品、商品など
・譲渡理由
・社長のプロフィール
・株価など

M&Aで重要なのは売り手と買い手のマッチング

「承」の段階で作成した企業情報をもとに、売り手企業と買い手企業の「③マッチング」から「④買い手提案」、さらに「⑤交渉」をしていくのが起承転結の「転」にあたる作業です。

すべての段階における手順と実務が重要なのは当然ですが、このマッチングから交渉に至る実務は、M&Aの成否のカギを握る核の部分といっても過言ではありません。我々M&A

コンサルタントは、売り手と買い手双方の企業にとって一番メリットがある最適な組み合わせを常に考えながらマッチングの作業を進めていきます。

マッチングにおいて、M&Aの相手企業を探索する場合に、まず一番に経営に対する考え方が合うかどうか、次にシナジー効果（相乗効果）の有無が重要です。

マッチングを進める際、日本M&Aセンターでは、売り手と買い手で担当者をそれぞれ分けています。まず初めに、売り手側の担当コンサルタントが売り手企業の案件化を完了させると、譲渡先企業の希望などを聞いた後、社内の会議で提案します。

次に、買い手会社の担当コンサルタントたちは、弊社に登録されている膨大な登録リストの中から、マッチングしそうな企業をリストアップしていきます。そうして作られるのが「持ち込み先リスト」（ロングリスト）です。数千社にも及ぶ買い手希望会社のデータの中から相乗効果や会社の将来性、マーケットの動向などを考えながら160人以上のコンサルタントが候補企業をピックアップします。

その後、有価証券報告書などの企業資料から調査し、マッチングの可能性の高い買い手企業を一定条件で絞り込んでリストアップします。これを「ショートリスト」と呼んでいます。通常は50社以上、人気のある売り手企業の場合は100社以上にもなることがあります。

しかし、リストはこのままでは売り手企業の社長に提出はせず、さらに絞り込んでマッチ

〔マッチング〕数千社の中から50社以上をリストアップ M&Aの相手を決める

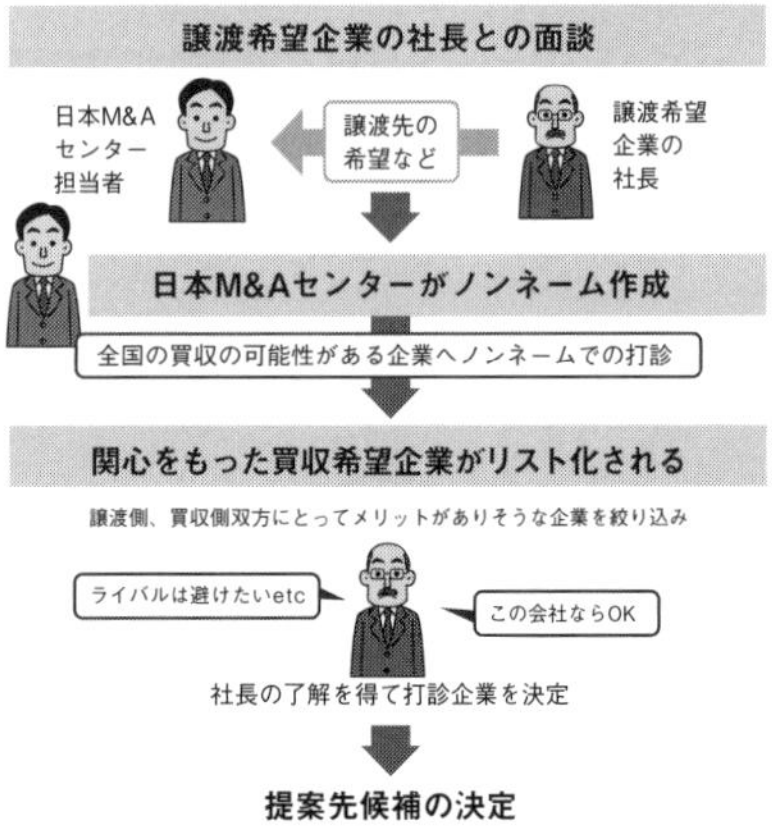

譲渡希望企業の社長との面談
日本M&A
センター
担当者
譲渡先の
希望など
譲渡希望
企業の
社長
日本M&Aセンターがノンネーム作成
全国の買収の可能性がある企業へノンネームでの打診
関心をもった買収希望企業がリスト化される
譲渡側、買収側双方にとってメリットがありそうな企業を絞り込み
ライバルは避けたいetc
この会社ならOK
社長の了解を得て打診企業を決定
提案先候補の決定

ングの精度を高めます。より多くの情報の提案を求める経営者もいますが、Ｍ＆Ａの相手選びで候補数が多すぎると混乱を招きます。この絞り込み作業は、担当コンサルタントの腕の見せ所といったところです。

では、次に視点を変えて、買い手企業へのアプローチを見ていきましょう。

Ｍ＆Ａコンサルタントによってリストアップされた企業に対し、前述の「ノンネームシート」で提案します。

「ノンネームシート」に興味を持ち、さらに検討したい場合、先ほどもお話ししたように「秘密保持契約」を結びます。内容は、秘密を保持すること、情報をＭ＆Ａの目的以外には使わないこと、買い手企業の検討メンバーを限定することなどが盛り込まれています。

秘密保持契約を締結すると、買い手候補の企業には「提案書」と数十ページに及ぶ「企業概要書」が提供されます。前述のように、「企業概要書」は社名を含めた次のような情報がまとめられています。

・会社名
・会社沿革
・事業内容（商品・サービス）
・強み・弱み／機会・脅威
・組織・組織のキーパーソン
・事業のフロー
・得意先・仕入れ先
・財務状況
・所有資産に関する補足

買い手企業が求めていることは自社の成長が可能となるM＆Aですから、M＆Aコンサルタントは見込めるシナジー効果や成長戦略についてお伝えします。売り手企業のマイナス面があれば、そのリスクについても明確にお伝えします。滞留在庫や簿外債務といったさまざまなマイナス要因が企業にはつきものですが、すべての情報を提示します。買い手企業は事前にその情報を得て理解しておくことで、後々のトラブルを未然に防ぐことができるからです。また、トラブル防止だけでなく、売り手と買い手のお互いの信頼関係が深まり、M&A後の融合もスムーズに展開してより大きなシナジー効果を得られるようになります。そのためにも、売り手企業の社長には、企業評価の段階で、できる限りの情報提示をお願いしています。

次に、「企業概要書」を見て前向きにM&Aの検討を進めていく場合、買い手候補企業とは「提携仲介契約」を結ぶことになります。この契約書には成功報酬責任範囲などが明記されています。

この締結後、本格的な商談がスタートとなります。この段階で売り手と買い手の双方が同じステージに立って交渉を進めていくことに合意するという意思確認をします。真剣ではない会社は、ここから先には進めません。

締結が済んだ段階で、買い手候補の企業には個別詳細資料として、売り手企業の案件化の際に収集した資料の大半を提供します。

以上、ここまでが書類上の検討ですが、いよいよ次の「⑤交渉」では社長同士のトップ面談や会社見学など、実際に顔を合わせての交渉が始まります。

トップ面談は最初の顔合わせ、お互いの相性や価値観を確認する

「⑤交渉」におけるトップ面談は、結婚の中ではお見合いにあたるものです。

ここまで両社の社長は、まだ会っていません。相手のプロフィールや写真を見て検討してきた段階ですが、ここで初めて顔を合わせることになります。資料を見るだけでわかることはありますが、両社のトップ同士が実際に会って対話をすることで初めてわかることは多いものです。書類だけでは相手の魅力や欠点、これまでの歩みを納得いくまで知ることはできないので、実際に面談することが重要になります。

初回の面談は、ホテルの会議室などで行われます。ここではまだ株価など条件面の細かい話はしませんが、まずはお互いの人となりや経営に対する理念や考え方を確認し合います。

買収してから企業文化を変更していくことは大変リスキーなことであり、またそう簡単に変更できるものでもありません。人間の結婚と同じで、個々のカラーはどちらが良いとか正

〔交渉〕トップ同士のお見合い

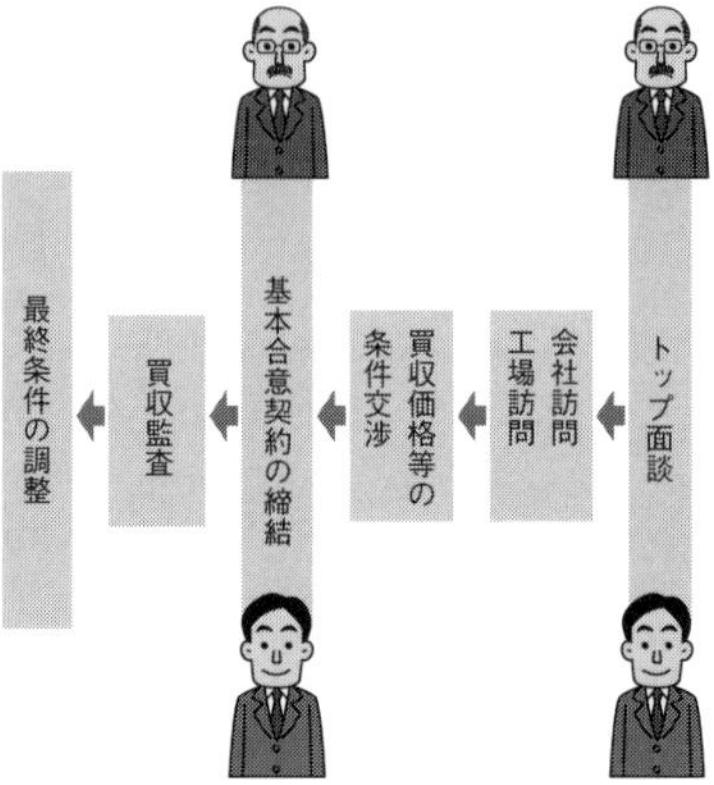

しいとかの問題ではなく、価値観や理念や生き様の問題となってきます。それを確認するのがトップ面談です。

一回の面談だけでは、当然、お互いの企業文化や経営理念を理解しきれるものではありません。よって、トップ面談は納得がいくまで行います。トップ面談のおおよその流れとしては、お互いの自己紹介と自社紹介、会社譲渡を決意した理由、買い手側が売り手側に興味を持った理由、今後の相乗効果を含めた未来像などについてお話ししていただきます。

トップ面談の前には、あらかじめ売り手と買い手の社長とはそれぞれ、担当のコンサルタントが入念な打ち合わせを行います。トップ面談ではどこまで聞いていいのか、またこの段階で聞くべきではないこと、トップ面談の段階で話しておいたほうがいいことなどについて打ち合わせをします。

買い手企業の社長は、「何か隠れた問題はないだろうか」と気になることもたくさんありますから、売り手企業の社長は隠し事をせずに、できるだけ正直に何でもお話しすることが大切です。そこからお互いの信頼関係が生まれてきます。

売り手企業の社長としては、本当に自社を託せる相手なのか慎重に見極めようとします。ですから買い手企業の社長も正直に誠意を持って接し、応えることが望まれます。

この面談で、お互いの相性や価値観、経営理念などが共有できれば次のステップに進みます。お互いに初回の面談から意気投合して相思相愛となる場合もありますが、価値観を共有できなければ「破談」ということになります。

次のステップで、お互いの会社訪問や工場見学などを行います。活気のある会社か、社内は整理整頓されているか、社員教育は行き届いているか、工場の設備は最新鋭のものかなどを確認します。売り手企業も買い手企業も社長は経営のプロですから、これらの様子を見ればその会社のおおよその状況が把握できるはずです。

この段階まで進めば、意気投合していることが多く、大抵は見学後、会食になります。社長だけでなく奥様も同席されてお話ししていただくこともあります。会食では、経営理念など仕事の話以外にも、自分の体験談や人生観などをリラックスした雰囲気で話ができるので、お互いに理解を深めることができます。

たとえ金額的に折り合いがついていても、また、相手企業の事業に魅力を感じていても、経営理念やトップの人間性が合わなければ会社が統合してもうまくいかないことが多いものです。会食などを通じて、積極的にコミュニケーションをとっていくことが大切です。

買収監査（デューデリジェンス）は重要ではないという新常識

お互いの気持ちを確認できたら、株価や役員退職金、譲渡後の経営体制や社員の継続雇用、処遇など細部の条件交渉に入っていき、「基本合意契約」の締結、または「意向表明書」の提出に進んでいきます。これは、最終契約に向けた直前段階のものです。トップ面談から、およそ1、2カ月で合意に達するのが一般的です。

この基本合意契約はほとんどの条文に法的拘束力を持たせないのですが、よほどのことがない限り最終契約まで進むことが前提であるため、覚悟を持って契約に臨む必要があります。

というのは、この後に買収監査（デューデリジェンス）を行い、売り手企業の内部に深く踏み込んでいくからです。

デューデリジェンスは、英語でDue Diligenceと表記されます。M&Aでは略称で「デューデリ」と呼ばれることもあります。この買収監査では、M&Aに際して買収対象の財務内容等の正確性等を確認するため、買い手候補企業側によって調査を行います。最終契約の前に、売り手企業の財務、法務などの実態を買い手企業が自ら調査するものです。

買い手候補企業から派遣された公認会計士などが財務監査、税務監査を売り手企業に訪問して行います。中小・中堅企業の場合では、およそ2~3人の公認会計士などが3日間くらいかけて作業します。

具体的には決算書上の財産、たとえば売掛金の回収可能性や在庫の商品価値などが本当に価値のあるものなのか、また負債に関しては退職金やリース、今後発生する可能性のある債務、未払い残業代、違法建築の有無などの調査です。

さらに、契約書関係や商標、特許、販売権などを弁護士がチェックすることを「法務デューデリジェンス」といい、これらを実施する場合もあります。

M&A後に、「思っていたものと違った」「思いもよらない問題が発見された」と言っても、時すでに遅し、です。後悔のないように買収監査は、しっかりと行わなければいけません。

以前は、この買収監査がとても重要であるといわれてきました。仮に、この段階で重大な問題やリスクが浮上してきた場合、契約内容の見直しや場合によっては契約の破談もありうるからです。

買収監査（デューデリジェンス）は不可欠なものに違いありませんが、当社ではあえて買収監査には重きを置いていません。

なぜなら、当社が仲介する場合は売り手企業の案件を受託する際の案件化・企業評価の段階で、すでに事前監査を行い、問題点があれば早期に解決し、そのうえで適正な株価を算出して買い手企業に提案しているからです。もし、買収監査の時点で何らかの問題が見つかったとしても、買収価格の調整などで速やかに対応できる問題です。

早い段階からのきめ細かい調査と問題解決を実践していることは、良い仲介会社、良いM&Aコンサルタントの条件のひとつです。優れた仲介者に任せた場合、最終段階での買収監査で問題が見つかることはまずありません。初期段階で譲渡企業の経営者と信頼関係を築いているM&Aコンサルタントであれば、この段階で仲介者が知りえなかった重大な問題など、出てくるはずがないのです。

M&Aの最後の実務はディスクローズ

最終段階は「⑥クロージング」です。起承転結でいえば、「結」の部分になります。

ここまで、さまざまな問題をクリアして、最終的に株価など売り手側と買い手側の諸条件がまとまり「最終契約の締結」となります。売り手企業から買い手企業へ株式が譲渡され、それに対する支払いが完了すると「成約式」を執り行います。

成約式は、まさに結婚式です。売り手企業の社長にとっては、娘を嫁に行かせる心境だという方も多くいらっしゃいます。感極まって涙を流される社長の姿を拝見するときなどは、私たちM＆Aコンサルタントも感動し、身が引き締まる思いをする瞬間です。

買い手企業にとっては、大切な娘のような会社を譲り受けるのですから、売り手企業の社長のこれまでの労をねぎらい、敬意を払い、譲り受けた会社を大切に成長させていくことを誓う場です。日本M＆Aセンターでは結婚式のように、シャンパンで祝杯をあげたり、奥様から夫であるオーナー経営者への手紙、式の写真やビデオをオーナー経営者にプレゼントし、一生残る思い出としていただいています。

結婚式がゴールではないように、M＆Aは成約すれば終わりというわけではなく、売り手企業と買い手企業の双方にとっては新たなスタートとなります。買い手企業は、譲渡された会社をこれから大きく成長させていかなければいけませんし、売り手企業の社員は、新たなリーダーのもとで仕事に取り組んでいくことになります。

さて、このクロージングには「成約式」の後、もうひとつ重要なことがあります。それは、ディスクロージャー（情報開示）です。ディスクロージャーには、外部向けと内部向けの2つあります。

外部向けは、ＩＲ（投資家向け広報）です。会社のステークホルダー、つまり株主へのＩＲを行い、今回のＭ＆Ａが、今後の成長に向けた経営戦略の一環として実施したことなどを伝えます。

また、取引先、金融機関、さらには新聞などのメディアといった外部への適切な対応も重要です。メディアにも好意的な記事を書いてもらえるように、しっかりと対応しなければなりません。取引先に対しても、誠意を持ってＭ＆Ａの事実を伝えることが今後の取り引きをよりスムーズにします。

もうひとつが内部の社員に向けたディスクローズです。Ｍ＆Ａの成功には秘密保持が重要ですが、売り手企業の社長は、ここまで誰にも公表していない場合もあります。もし伝えていたとしても奥さんや一部の幹部のみということもあります。そこで、多くの場合は成約式に合わせてその日の夕方に社員を集めてM&Aの発表を行います。売り手企業の社員は、自分の会社が譲渡されるということで不安に思うものです。社長から社員へ、このM&Aが後ろ向きなものではなく、会社と社員の将来にとってプラスになること、雇用が継続され待遇などは変わらないこと、ここまでに至るご自身の思いなどを伝えます。

その後に、買い手企業の社長からも挨拶をし、統合にかける熱い思いを話していただきます。実際、私が手掛ける案件では必ず、売り手と買い手両方の社長から直接社員に対してディスクローズしてもらい、スムーズな滑り出しが成功しています。売り手企業の社員に安心感が生まれ、社員全員のモチベーションを高められるからです。

失敗しない！　会社を高値で売るためのM&Aのポイント

ここまで見てきたようにM&Aで会社を売却するというのは、不動産や商品を売買するのとは違うことがわかっていただけたと思います。ただ、お金のやり取りだけで儲かればいい、高く売れればいいというものではありません。

しかし、譲渡した社長にとって、会社売却後の第2の人生のことを考えれば、ある程度のお金は必要です。会社をできるだけ高値で売却したいと思うのは当然のことでしょう。

そこで、ここまで見てきたM&Aの6つのステップにおいて、できるだけ会社を高値で売却する方法と失敗しがちなポイントについて考えてみたいと思います。

「①受託」で大切なのは、情報量と案件数の多い、しっかりした仲介業者1社と専属契約を結ぶことです。

高値で売却するための極論を言えば、できるだけ多くの相手に当たることです。

しかし、時間と労力を省き、より効率的に優れた相手を見つけるには、信頼のおける実績ある仲介業者やM&Aコンサルタントとじっくりつき合うことをお勧めします。

売り手企業としては、M&Aで会社を譲り受け、その会社を優れた手腕で経営していける買い手企業というのは限られているため、買い手企業に提案するときは、緻密に練られた提案書を一発勝負で提案すべきなのです。

また最近では、怪しげで詐欺的な業者が増えているので注意が必要です。パンフレットなどを見ると、自社が手掛けた案件ではないものばかりが掲載されていたり、信頼性が疑わしい売り手企業の情報しか提案しないような業者がいます。決算書など簡易な情報だけが業界内に出回っているようなケースです。

さらには、個人ブローカーのような動きをしている業者もいます。しかし、M&Aの業務は1人でできるようなものではありません。実際、日本M&Aセンターでは買い手と売り手のマッチングの際は160人以上のコンサルタントが情報を持ち合い、そうした情報の中から綿密に候補企業を絞っていきます。

M&Aは億単位の投資であり、買い手企業は絶対に失敗できないものです。そのため、どの買い手企業も情報が錯綜している「出回り案件」を嫌うのは当然です。

譲渡を希望する経営者は、仲介業者を以下の点を重視して選定してください。

・独立性があって専門性が高い。

・優良な買い手候補企業のデータを豊富に持っている。

・規模が大きい。

・実績が豊富にある。

「②案件化」では、数字だけではなく、自身の〝思い〟や〝心〟を伝えることが必要です。

M&Aコンサルタントが、売り手企業の「企業概要書」を作成する際、売り手企業の社長にヒアリングをしていきますが、よくあるのはその企業の財務面などの数字のほか、「強み」と「弱み」しか書いていないパターンです。

しかし、本当に大切なのは社長の「会社に対する考え方」や「ここまで経営を続けてきた思い」です。

特に中小企業の場合、企業の戦略はオーナー経営者の個人的な考えで決まり、変わっていくことが多いものです。そのため、M&Aで会社を譲渡するのも戦略的にいちばんいい時期ではなく、オーナー経営者の都合、たとえば歳をとったから引退したいとか、病気で経営を続けられなくなったというような理由に左右されることが多いものです。であるならば、オーナーである社長の個人的な考えや思い、譲渡を決意した理由などを担当のコンサルタントにきちんと伝える必要があります。

また、特に譲り受けた会社をさらに成長させられる優れた買い手企業の社長は、数字だけが入った企業概要書を見ても心は動かないものです。買い手企業の中には、「資金はあるから、いい物件があったらすぐに話を持ってきてくれ」というような社長もいらっしゃいますが、物の売買ではないのですから、そうした考えはお勧めできません。

以前、担当したある調剤薬局を提案するとき、私は企業概要書にこのような文章を添えました。

「この調剤薬局は、お釣りを必ず〝新札〟でお客様にお渡ししている薬局です」

また、あるカレールーメーカーの企業概要を提案する際、「オーナーは子供の頃、カレーを食べて体調が悪くなったことがあったそうです。だからこそ、無添加にこだわったルーを作り続けてきました」というように経営者の想い、哲学を書き添えました。

M&Aにおける企業概要書は、ただの会社案内ではありません。その裏にある社長の想いや会社の物語を伝えるものでもあるのです。本当に優良な買い手企業の社長は、そうした企業の本質を見ています。

案件化の段階では、まず売り手企業の社長は焦らず、目先のことにとらわれず、今までの経営者人生を振り返りながら、担当コンサルタントにご自身の想いを伝えてください。

何ごともファーストインプレッションは重要です。買い手企業の社長の心を動かす想いを込めた「企業概要書」を担当コンサルタントとともに練り上げていきましょう。

「③マッチング」で気をつけるべきことは、前述したように隠し事をしないことです。

どんな企業でも、叩けばホコリの1つや2つは出るのは当然のことでしょう。そうした負の部分を社長は隠したがりますが、これは会社を高値で売却するにはマイナスになります。以前、ある会社の企業評価を行ったときに社員が2億円を横領していたことがありました。社長も知らなかったのですが、こうした問題は後から必ずわかってきます。

どんな問題でも我々M&Aコンサルタントには正直に話をしてください。

案件化の際の「企業評価（プレ・デューデリジェンス）」においても大切なことですが、たとえば、粉飾決算をしていた、簿外債務がある、社員への未払い残業代がある、違法建築をしている、会社のキーマンである人物が辞めそう、大口顧客を失いそうといったさまざまな問題を社長から正直に話していただければ、この段階なら我々M&Aコンサルタントは大抵のことには対応できるのです。もちろん、株価への影響も最小限に食い止めることができます。

「⑤交渉」のトップ面談から基本合意契約までで重要なことは、早い段階で1社に絞って交渉を進めることです。

交渉は最初の1カ月が勝負です。金額的にも、経営理念や企業風土の面から見ても、もっともいいお相手が見つかるチャンスの時期です。なぜなら、当社ではもっとも良いマッチングであるという確信を持って厳選した最適なお相手を提案しているからです。もし、いい相手だと思ったら、すぐに1社に絞って交渉を開始するのが正解です。違う候補が浮上してくる2順目、3順目のほうが候補数も減るため、良い出会いの確率も下がっていきます。

M&Aの「基本合意契約」は、婚約にあたります。婚約目前なのに、もっといい相手はいないかと探しているのは相手にとって失礼ですし、買い手企業も本気にはならないどころか不信感を持つのではないでしょうか。

もちろん、競合がいれば数社を競い合わせて自社に有利な条件を引き出すということもありますが、そうではないならば相手を本気にさせるためにも1対1で真剣に交渉を進めていくことが大切です。

会社を高値で売却したいなら業界再編のタイミングを逃さないこと

さて、M&Aを成功させて高値で会社を売却するのにもっとも重要なことがあります。それはタイミングです。やはりベストのタイミング、会社の〝売り時〟というものがあります。これは会社のタイミングと、業界のタイミングの両方があります。

M&Aの世界では、こんなことがいわれます。

「売りたくないときが売れるとき、売りたいときは売れないとき」

会社が右肩上がりで成長しているとき、会社を手放そうと考えることができる社長は少数です。しかし、業績がいいからこそ欲しいと考える買い手企業は多くありますし、当然ですが高値が付きやすいものです。

逆に、業績が落ちている会社では先行き不安から手放したいと考える社長が増えます。しかし、買い手としては何か大きな問題があるのではないかと訝りますし、価格も低く見積もられてしまいます。

業績が悪化して、いよいよ事業承継問題も待ったなしの状況になってから会社を売却したいと相談にいらっしゃる社長もいます。これでは時すでに遅し、です。ここまで来ると我々M&Aコンサルタントでも手の打ちようがないのが現実です。会社の株価は数分の1に落ちてしまっていたり、売ろうにも買い手がまったくつかず、最終的には会社の清算、倒産という例を今まで何度も見てきましたが本当に残念なことです。

何社も当たってみたものの、なかなかベストの相手が見つからず、結局いちばん最初の相手がよかったというのはよくあるケースです。買い手企業にもタイミングや事情があります。数カ月、1年と経てば状況は変わっていくので、いつまでも相手が待ってくれるわけではありません。

1度逃した売り時は2度とは戻ってきません。次に来るのは、形を変えたタイミング、それも1度めよりは確実に条件の悪いものであることがほとんどです。

そして、会社の最大の売り時は業界、業種ごとによってタイミングが異なります。第1章、

2章で述べたように再編が進む業界では、M&Aが盛んに行われます。このタイミングこそが、もっとも高値で会社を売却する売り時です。

業界再編のピークに向かって株価は上昇していきますが、どの業界でもピークはそう長くは続きません。売り手企業にとっては、このタイミングを逃すと株価は一気に下がってしまいます。

「大手のA社が積極的に再編を仕掛けている」「先月、B社が大手グループに売却したらしい」などといった業界の動向は同業者などから入ってきますが、正確な売り時を見極めるのは専門家でなければ難しいものです。経営戦略としてのM&Aを考えているなら、売り時を逃すことのないよう、早めに準備をして、M&Aコンサルタントに相談するとよいでしょう。

会社を高値で売却するための6カ条を以下のようにまとめました。

・信頼できる仲介業者に専任で依頼する
・数字だけでなく経営者の思いを伝える
・隠し事をしない
・トップ面談以降は1社に絞って交渉する

・業績のいいときが売り時
・業界再編のタイミングを逃さない

【コラム⑨】〈M&Aはなぜ〝お得〟?〉

2015年は業界再編時代の幕開けといわれます。

東日本大震災のあとの混乱も落ち着き、2020年東京オリンピックに向けて多くの企業は成長モードに入りました。景況感のよい今、業界再編の波に乗って、圧倒的高値で会社を売却できるタイミングにあるのです。

セミナーで必ず聞かれる質問があります。

「自分で経営し続けるのとM&Aをした場合とでは、最終的にどちらが手元にお金が残るのか?」

答えは、言うまでもなくM&Aです。

年数十パーセントのペースで成長している企業を除いて、通常の企業はM&Aをしたほうが自身で経営するよりも大きな金額が自分の手元に残ります。なぜなら、M&Aでは現在価値に加えて、将来得られる収益をノーリスクで受け取ることができるからです。

さらに税務上のメリットも高くなります。経営を続けても、役員報酬では所得税や住民税で手取りが半分程度になるのに対し、M&Aの場合、株式の譲渡益に対しての税率は20パーセント程度です。

今、まさにM&Aの絶好のチャンスが到来したと言っていいでしょう。

第4章

会社の飛躍的成長を実現。事例に学ぶ、「買い手探し」成功の法則

売り手企業の社長は、何に悩み、どのようにして決断に至ったのか。

買い手企業の社長は、相手のどこを評価し、どのように売り手企業の社長からの信頼を手に入れたのか。

そして、関わる人すべてが幸せになった成功事例のM＆Aとはどういうものなのか。

M＆Aが行われているリアルな現場をご紹介します。

●事例①

「調剤薬局業界：トータル・メディカルサービス×メディカルシステムネットワーク」

高値売却を実現し、売り手企業の社長は大手チェーンの幹部に抜擢

調剤薬局の業界再編が一気に加速する先駆けとなったM＆A

会社譲渡の必然性がなかったトータル・メディカルサービスのM＆A

福岡県北九州市。

北九州市は、1963年、門司市、小倉市、八幡市など5市が合併してできた、約97万人の人口を抱える九州第2の大都市である。この街に（株）トータル・メディカルサービス（以

下、ＴＭＳ社）の本社がある。

ＴＭＳ社は１９９０年に設立され、その後、ジャスダック市場に上場し、中堅調剤薬局として九州北部を中心に「さくら薬局」の名称で35店舗を展開した。薬局事業の売り上げは２０１３年３月期で約70億円。その他、給食事業などを含めると約１１３億円の売り上げのある企業である。

社長の大野繁樹氏は１９５８年、地元で生まれた九州男児。民間病院に勤務後、ＴＭＳ社の前身であるシー・エフ・ディィ社に入社。40歳のとき、現在の社名に変更したタイミングで代表取締役に就任した。

大野社長は、「地域医療への貢献」を経営理念の第一として約20年近く、患者さんと地域の中核医療機関の架け橋となり、信頼を築きながら地道に、精力的に経営を続けてきた。業績は安定しており、現状のまま経営を続けても何も問題はない会社だった。

また、多くの調剤薬局が抱える悩みである「薬剤師不足」とも無縁だった。

調剤薬局の現場では、薬剤師不足は深刻な悩みのひとつだ。日本全体が高齢化していくなかで医療業界の成長は続いてきた。調剤薬局業界もその波に乗り出店数を増やしてきたなかで、薬剤師の確保は深刻な問題となっていた。

薬剤師不足問題を引き起こしたもうひとつの要因は、改正教育法と改正薬剤師法により、

2006年から薬学部が4年制から6年制に移行したことだ。大手調剤薬局が積極的に新卒採用に力を入れたのと同時に、薬剤師になる学生の意識も高まった。医療人として高い社会的使命感を持つ優秀な新卒薬剤師は、大手調剤薬局への就職を希望する。なぜなら大手調剤薬局は、医師のパートナーとしての仕事の場とキャリアアップを可能とする教育環境と高収入が保証されるからだ。その結果、中小や中堅の調剤薬局は、優秀な人材の確保が非常に困難となった。

大野社長が調剤薬局を営む北九州市は、1979年の約107万人をピークに年々人口が減少したとはいえ、九州の玄関口として発展してきた。TMS社は地元の大学とのパイプも太く、人材に不自由することはなかった。

また上場企業のため、後継者不在という悩みもなかった。大野社長は50歳を過ぎ、そろそろ次の世代へのバトンタッチをしてもいい頃だと考えていた。

このような恵まれた経営環境にいた大野社長が、なぜM&Aによる会社譲渡を考え始めたのか、ここから具体的に紹介していきたい。

日本M&Aセンターの渡部が大野社長と初めて会ったのは渡部による「会社を買ってくれませんか?」という提案がきっかけだった。そのときは話はまとまらず、買収計画は白紙に戻ったが、それ以降も関係は続き、定期的に情報のやり取りをしていた。大野社長自身も

M&Aについて学んでいくうちに、会社の成長にとって有効な経営戦略のひとつであることがわかっていったという。

予期せぬ出来事で人生の方向転換を決意する

人生は、「好事魔多し」という。健康に気を使っていたはずの大野社長だったが、2011年11月、人生の大きな転機が訪れた。検診でがんが見つかったのだ。大野社長は当時を振り返って言う。

「53歳のときでした。手術をしましたが……正直なところ、ひょっとしたら自分は死ぬのかもしれないと思いました」

幸い、手術は成功し、大野社長は経営の現場に戻った。しかし、どこか人生の歯車が狂ってしまったらしい。2013年5月、前年度の決算発表の際、資料を見て愕然とした。株価が急落し、時価総額が純資産の7割ほどまでに落ち込んでいた。

「もし万が一、がんが再発したら会社はどうするか。がんが見つかってから対応したのでは、すべての対応が後手に回ってしまう。今からでも事前の対応を真剣に考えておかなければ大変なことになる」

以前から、会社の未来に関してはM&Aによる他社の買収も成長戦略として考えていた。しかし状況が変わった今、会社が生き残り、さらに発展していくためにはM&Aによる譲渡を視野に入れるべきだと考えた。

「自分は、親から何かを受け継いで会社経営をしていたわけでもないですし、すでに子供たちはそれぞれ自分の道を歩んでいます。だから、調剤薬局にこだわることもないと思っていました。しかし、社員たちのことを考えれば、会社を存続させて雇用を確保しなければならないという焦りがありました」

会社の経営が悪化してからでは手の打ちようがなくなる。大野社長の行動は早かった。1カ月後の6月、連絡をとった。

「会社の未来は、果たしてどんな絵が描かれるだろう。それを見てから考えよう」

大野社長は、そう思ったという。

日本M&Aセンターの対応も早かった。すぐさま買い手候補を厳選し、最終的には相手企業をメディカルシステムネットワーク（以下メディィシス社）に絞り、マッチングを進めていった。

メディィシス社は、1999年に北海道で創業した業界大手の東証1部上場企業である。北海道小樽市出身の田尻稲雄社長は、1891（明治24）年に創業した医薬品製造・卸業の（株）

秋山愛生舘（現スズケン）の子会社であるメディカル山形薬品（株）で代表取締役を務めたのち、メディシス社を札幌市で設立した。

以来、北海道を拠点に医薬品等のネットワーク事業や、「なの花薬局」の名称で調剤薬局を展開し、年商約736億円（グループ2015年3月期）、調剤薬局の店舗数は361店（グループ2015年8月1日現在）を誇る。特に北海道では圧倒的なドミナントエリアを築き109店舗を有し、積極的なM&Aの活用と新規出店で関東や関西に営業エリアを拡大してきた。

しかし、メディシス社は当時、九州エリアでは5店舗を展開するにとどまっていた。そこで重点強化地域として、九州での店舗数拡大を経営戦略のひとつとして掲げていたのだ。

メディシス社の田尻社長は言う。

「当社は北海道を地盤にしていますが、本州以西の九州地域に店舗展開していくには福岡市などの中核都市はドミナント戦略においても重要なエリアで、なんとか進出したいと考えていました。そんなとき、TMS社をご紹介いただいたわけですが、率直に〝これは、とてもよい話だ〟と感じました」

TMS社は福岡を中心に確固たる事業基盤を築いており、メディシス社の店舗と比較して店舗面積が大きく、きっと田尻社長に気に入ってもらえるだろうという渡部の予想は見事に的中した。

「この店舗空間を利用すれば、新たな付加価値のあるサービスを展開できます。さまざまな組み合わせを検討できる自由度を感じました」

すでに、メディシス社は「在宅医療委員会」を設置して、約200店舗で在宅サービスが可能になっていた。今後は全店舗での実施を目指すという。さらに、異業種との提携による複合型店舗の出店も進めており、「ファミリーマート+なの花薬局」を2014年4月に開店するという実績もあった。

北のメディシス社と西南のTMS社のマッチングは相乗効果が大いに見込まれ、1カ月半後の8月中旬、メディシス社からTMS社に宛てた意向表明書が届けられ、本格的な交渉がスタートした。

充実した社員教育システムに買い手企業の実力を知る

会社を譲渡するうえで大野社長が出した前提条件は、店舗名「さくら薬局」の屋号の継続と社員の雇用の維持だった。

「自分のことはどうでもいいと言いました。実際、調剤薬局へのこだわりもなかったし、僕のことはクビにしてもらってもかまいませんでした」

田尻社長との初めてのトップ面談は和やかなうちに終了したが、お互いに確かな手ごたえを感じていた。

その後、大野社長は担当コンサルタントの渡部とともに、北海道にあるメディシス社の研修施設を訪問した。そのとき、大野社長は大きな衝撃を受けたという。

「メディシスさんの充実した研修システムに驚きました。自分の調剤薬局でも、教育制度には十分力を注いできたという自負もありました。しかし、メディシスさんの研修システムを間近に体感したとき、そのレベルの高さに驚きました」

この体験が大野社長の心に大きな変化をもたらしたのだ。社員たちの将来を思えば、さらに進んだ教育システムのもとで勉強させ、経験を積ませてあげたいと考えるのは当然のことだ。

メディシス社の子会社に「北海道医薬総合研究所」がある。この研究所には薬剤師教育のサポートを行う研修施設があり、各種教育研修やインターネット講座などの提案、社内講師育成や講師派遣のニーズに対応することでグループ内の教育体制の構築をしている。

また、研修参加者には日本薬剤師研修センターが認定する「受講シール」の発行も行っている。日本薬剤師研修センターは１９８９年に厚生省の認可のもと、設立された薬剤師の生涯教育を支援・推進する機関で、ここでの研修を受けることで薬剤師は免許を持つにふさわしい資質の維持を保証される仕組みだ。

「メディシスさんの教育システムは厚みがあり、圧倒的に進んでいました。当社とは2段階も3段階もレベルが違うのです。メディシス社独自のマニュアルやハンドブックなど、自前で作るのは不可能です。正直なところ、これは太刀打ちできないと感じました。

また、ここまで事業規模を膨らませてきた中で、常に新たなノウハウを身につけ蓄積してきたことで醸成された人材の厚みにも確かなものを感じました。これだけの組織とシステムを構築するのは、とても自社単独ではできないことです」

調剤薬局業界が抱える不安材料は山ほどある。このM&Aの話が進められていた当時、調剤報酬改定で報酬率が引き下げられることになるのは既定路線だというのが業界内では常識で、業界の右肩上がりの状況に大転機が訪れるのは明白だった。おそらくそれ以降も改定は繰り返され、特に2013年の改定はひとつのカギになる、と大野社長は睨んでいた。来るべき未来を見据え、単独で生き残っていくのは難しいと考えていた大野社長はメディシス社のグループに入ることを決断した。

その後は、両社の間で協議を重ね、基本合意契約の締結、買収監査（デューデリジェンス）

などのプロセスを経て、2013年9月末に最終契約の締結を終えた。

上場企業の譲渡では法律面での調査や手続きが複雑で、かつ多くのステークホルダー（利害関係者）への対応など細やかな作業もあるため、最終契約締結までには、通常は半年から1年ほどかかるのが普通だ。ところが、本件では4カ月強という短期間での成約が実現した。

大野社長自身も、「ものすごいスピードで話が進んでしまって驚いた」と回想する。進捗が速すぎて戸惑うことはあっても、早期に契約締結することが悪いわけではない。特に売り手企業の社長などは、時になかなか進まない交渉に不安を覚え、M&Aコンサルタントや買い手企業への不信感を抱いてしまうケースもある。

「このスピード感こそが日本M&Aセンターがもっとも得意とする部分でしょう。担当M&Aコンサルタントの経験と実績に裏打ちされた実力を感じました」

株価は過去最高のプレミアムが実現し業界の注目を浴びる

本M&Aには、もうひとつ特筆すべき成果がある。それは、メディシス社の調剤薬局事業を統括している中間持ち株会社・ファーマホールディングがTMS社株式に対して公開買い付け（TOB）を行ったことだ。98・96%の応募があり、公開買い付け価格は3200円の

TOBプレミアム率ベスト15

順位	対象会社	買付者	プレミアム	買付価格(円)	3カ月平均株価(円)	公表日
1位	[3163] トータル・メディカルサービス	メディカルシステムネットワーク	+206.81%	3,200	1,043	2013/9/27
2位	[3343]チップワンストップ	Arrow Electronics(米)	+203.68%	220,000	72,445	2011/8/8
3位	[2366] LEOC	経営陣	+201.20%	500	166	2008/10/20
4位	[廃止]南部化成	日本みらいキャピタル、経営陣	+195.57%	1,200	406	2009/2/26
5位	[廃止]ウィーヴ	アント・コーポレートアドバイザリー、経営陣	+181.50%	16,400	5,826	2009/1/13
6位	[7457]セキテクノトロン	コーンズドッドウェル、経営陣	+176.79%	155	56	2009/3/11
7位	[廃止]日本インテグランドホールディングス	CLSAサンライズキャピタル	+153.33%	76	30	2009/1/9
8位	[2757]オストジャパングループ	富士薬品	+148.01%	811	327	2013/1/9
9位	[3330]アガスタ	NISグループ	+141.90%	24,500	10,128	2009/6/30
10位	[9061]富士物流	三菱倉庫	+139.36%	450	188	2010/7/30
11位	[8809]サンケイビル	フジ・メディア・ホールディングス	+138.71%	740	310	2012/1/19
12位	[廃止]サイバー・コミュニケーションズ	電通	+135.12%	42,500	18,076	2009/1/30
13位	[6443]東洋製作所	三菱重工業	+129.66%	542	236	2013/5/30
14位	[2423]ジェイエムテクノロジー	豆蔵OSホールディングス	+127.07%	70,000	30,827	2011/10/6
15位	[6437]三條機械製作所	経営陣	+123.92%	468	209	2011/12/2

2006年～2015年に買付けを開始したTOBを集計　（グループ内再編を除く）
成立した2006年～2015年TOBで非上場を除く594件のうち、プレミアム上位15件を掲載
プレミアム：買付価格と対象会社の公表日までの過去3カ月平均株価を比較して算出
対象会社：TOB時の社名を表示

出典：STPEDIAのデータをもとに日本M＆Aセンター作成

値がついた。対外公表日の前日のTMS社株式の終値は1049円。206%のプレミアム率がついたことになる。これは2006年以降、日本の公開買い付け事例の中では史上最高のプレミアム率になっている（グループ内再編を除く）。

2014年1月21日、TMS社の臨時株主総会が開催された。完全子会社になるための手続きの承認が無事に行われ、全部取得条項付種類株式スキームにより2014年2月28日、TMS社はファーマホールディングの完全子会社となった。

そして、両者の統合をきっかけに、調剤薬局の業界再編は一気に進んだ。業界の地殻変動を起こす先駆けとなるM&Aとなったのである。

最終契約締結の直後、M&Aではまだやるべき大きな仕事が残っている。それは、社員や投資者、取引先へのディスクローズ（情報公開）と引き継ぎ業務である。

社員への発表はやり方を間違えると、時として大きな反発を招き、その後の統合がうまく進まないこともある。また、シナジー効果も発揮されず、M&Aの失敗という事態を招くことがある。

大野社長は言う。

「社員への公表については、M&Aコンサルタントの渡部さんに相談しながら指示や提案をいただいて進めました。処遇は今までと何も変わらないこと、本人の望まない転勤はしないことなどを数回に分けて丁寧に説明していくと、みんなきちんとわかってくれました」

また、退職するというネガティブな反応をする社員は1人もいなかった。

「これは田尻社長の人間的魅力によるところも大きいと思いますし、メディシスさんの経営陣の真摯な姿勢、考えに共感した部分もあると思います。むしろ、最新の充実した教育研修への期待が大きいようです。みんな、イキイキと仕事していますよ」

そして、買い手の立場として、田尻社長は言う。

「社員の方々には、我々が〝何を目指し〟、そのために〝どのようなことをしているのか〟、ここを理解していただければ、それほど動揺することはないと思います。昨年の社員忘年会に呼んでいただいたときTMS社のみなさんには、我々が目指す地域医療の在り方や、現在進めている地域包括ケアを見据えた医療と介護の複合施設についての説明などをさせていただいたのですが、活発な質疑応答がありました。非常に前向きに仕事に取り組んでいる姿勢に感心しています」

人材は重要な経営資源である。決しておろそかにはできない。買い手企業としては、売り手企業の社長だけでなく、やはり社員たちにも誠実に真摯に向き合うことが大切だ。これはM&A上手な買い手企業の社長に共通することである。

統合後のTMS社の様子について、大野社長は以下のように話した。

「店舗に関しては、ほとんど混乱はありませんでした。希望通り店舗名を継続していただきましたし、病院の処方医との関係も変わりません。日々の作業での違いといえば、毎日棚卸する商品が増えたことくらいでしょうか。会社の本質は何も変わりません。ただ、本社のマネジメントの部分については、経理に関するシステムが変わったことで調整があり、多少手間取ったというのはありました。

社員にとっては教育、研修のサポートだけでなく、全国規模のネットワークができたことは大きな変化でした。たとえば、今までなら夫の転勤などで福岡から引っ越すことになった薬剤師には、〝ありがとう、今まで勤務していただいてお疲れさま〟としか言えなかった。それが、今後は全国のグループ内の調剤薬局に異動することが可能になりました。これは本人にとっても、グループにとっても有意義なことです。辞めざるをえなかった社員に、さようならと言わなくてもよくなったというのは、うれしいことです」

会社を売却した後も求められ経営を続けていくという選択

大野社長のその後について補足しておきたい。引き続きTMS社の代表取締役を務めながら、親会社の調剤薬局事業を統括しているファーマホールディングの代表取締役副社長に就任した。その人事について、田尻社長は言う。

「店舗の開発能力に関しては、私たちよりもＴＭＳ社のほうが高い部分があります。引退を希望されていた大野社長には、ぜひ経営を続けてもらいたいと説得しました。引き受けていただき、とても光栄に思います。今後は一緒に話し合いながら、九州エリアを中心に展開していただければと思っています」

また、大野社長のように、買い手の親会社から請われて会社に残り、しかも親会社の副社長など経営陣として業界の最前線で働き、会社だけでなく業界自体を引っ張り、新しいビジネスを創造していくという立場で活躍する経営者も増えてきている。業界再編時代とは、こうしたビジネス展開の中で、業界自体が進化していくダイナミックな時代なのだ。

田尻社長は、今後の調剤薬局業界の未来予想図を次のように描く。

「私もそうですが、いわゆる団塊の世代の高齢化に伴って業界全体としては、あと10年は成長できると考えています。

しかし、医薬分業による新規出店数は頭打ち、報酬改定で報酬率は引き下げられていく。マイナス要因は多くあり、課題は山積みです。今後は、規模拡大による業務の効率化と、従来の病院門前の出店モデルを打破する新しいビジネスモデルの構築、この2点を実現できるかどうかが成否のカギです」

今後、この分野の業界再編はさらに加速していくことになる。

「過去、鉄鋼、自動車、卸売、製薬メーカーなどさまざまな業界で業界再編が起こり、規模拡大によって効率化をはかってきた歴史を見れば、我々の調剤薬局業界も例外ではないと考えています。

薬局は、地域の住民の方々の健康・医療・介護におけるゲートキーパー、見守り役として貢献していける。その意味でも今は非常におもしろい、大きな可能性を感じる局面に突入していると感じています。

薬剤師には、今後はさらに高度な専門知識とコミュニケーションスキルを身につけてもらう必要があります。会社は、そのための体制整備を行い、継続した教育をしていけるかどうかがポイントです。それは将来に向けた投資を続けていけるか、ということと同義です。

これから求められていく薬局の在宅事業においては、個人薬局や小規模店ではクリアするのはなかなか難しい問題でしょう。こうした事業を展開していくためには、やはり一定の規模と体力を持つことが重要です。大手調剤薬局の形態こそが社会貢献につながっていく。今後も大手調剤薬局としての社会的使命を果たしていきたいと思っています」

一方の大野社長は言う。

「業界がオーバーストアな印象は誰もが持っています。今後は、規模を拡大して残っていくチェーンと、そうでないところに選別されていくでしょう。

今思えば、M&Aの決断は遅かれ早かれ、どこかでしていたと思います。そのお相手がメディシスさんだったということは、ある意味でラッキーだったとも感じています。店舗名は継続し、社員の雇用は守られ、さらにスキルアップしていける教育環境も整いました。

M&Aで会社を譲渡して私個人が感じたことは、肩の荷が下りて気持ちがものすごく楽になったということ。会社の経営や業界の動向について、1人で背負わなくて済むようになった。それに今まで1人ではできなかったことが、こうして集結することで可能になり、さらに会社も自分も社員も成長していける。それがなによりうれしく思っています」

当初、「一体、どんな絵が描かれるのか見てみよう」と大野社長が思った会社の未来図は、予想以上に大きく、希望に満ちたものとなった。

【事例解説】トータル・メディカルサービス社

TMS社は、ガラス張りの美しい新社屋が印象的な成長企業です。薬局の運営もうまくいっており、以前病気になったとはいえ、お会いしたときの大野社長はお元気で、毎朝10キロのランニングを日課とされており、事業意欲も旺盛でした。

当初、私たちはTMS社を譲受企業として想定し、九州地域の譲渡案件をご紹介していましたが成約には至っていませんでした。そんな中、大野社長から「会社の譲渡を検討したい」との電話をいただき、そこからM&Aは順調に進んでいきました。

「これから調剤薬局業界は大きく変わっていく。さらに成長していくためには、高い志と、同じ考えを持った企業とひとつになって経営していくことが重要」

大野社長の考えは最後まで、ぶれることはありませんでした。

業界再編時代のM&Aを成功させるには、「あるべき業界の姿を考えるリーダーの熱意」が必要です。

お相手のメディシス社の田尻社長は、まさにそうしたリーダーの1人です。当然、上場会社として収益も追求しますが、調剤薬局業界のあるべき姿を常に考え、その思いに賛同するメンバーを探していました。

北海道のメディシス社と福岡のTMS社のマッチングは、地域を補完する関係と見るときれいに思えますが、実際には、業界を良くしたいという田尻社長の熱意や考えと大野社長の情熱が共鳴したことが成約に至った理由のすべてだといっても過言ではありません。

トップ面談の後、大野社長はすぐに北海道のメディシス社の施設に見学に行きました。その際、田尻社長は幹部社員全員のスケジュールを調整し、大野社長にお会いしていただきました。その後、田尻社長も福岡まで飛びＴＭＳ社を見学。このとき大野社長は会社のすべてを包み隠さず田尻社長にお見せしました。

この２日間の様子を間近で見ていた私は、本件の成約と、今後の両社の発展を確信したのです。

ところで最近、多くの優良企業に対して「会社を譲渡しませんか？」という話がさまざまなＭ＆Ａ仲介ブローカーから持ち込まれるようになりました。実際、大野社長にもそうした話があったようですが、提示された株価はなんと、今回成立した金額の３分の２以下だったそうです。

なぜ株価が低くなってしまうのか。それは、実際に中身も調査しない状態で決算書だけ持ち回るような業者だったからです。そうした業者は、譲渡企業の戦略も社長の思いもわからずに、決算書だけで企業を判断するのです。

仲介会社へ依頼する際には、最低限しっかりと提案書を作成しているか、企業理念や経営者の思いを把握しているか、という点は必ず確認しなければなりません。

事例②
「IT業界：ソフトビジョン×ウィズソフト」
ベンチャー企業家のDNAが共鳴した〝両想い〟のM&Aで
買い手企業は4倍の売り上げを実現、売り手企業の社長は第2の人生を謳歌

バブル崩壊、リーマンショックの洗礼を受けたIT業界

IT企業の（株）ソフトビジョンのM&Aの話に入る前に、一度ITの隆盛とITバブル崩壊の流れについておさらいしておきたい。

かつて、ITバブルと呼ばれた時代があった。といっても、それほど昔のことではない。1975年に創業したマイクロソフトが、1995年に発売したWindows95が大ヒットしたことで世界的にパソコンが普及すると、アメリカでは多くのIT関連ベンチャー企業が第2のマイクロソフトを目指して設立された。

そこに金融緩和でだぶついていた投資資金が流れ込むと、IT・インターネット関連企業の株価が異常な高騰を見せた。1999年から2000年にかけてのことだった。

日本でも、1999年の初頭から2000年の終わりにかけてITバブルが絶頂期を迎え

た。NTTドコモが時価総額で日本一となり、まだ携帯電話事業に参入していなかったソフトバンクの株価も高騰した。さらには楽天やヤフー、サイバーエージェント、ライブドアなどの企業が勢いを増し、時代の寵児ともてはやされた経営者がメディアの話題をさらっていた。

しかし、バブルの終焉は早く、アメリカでは2001年に崩壊。そして、日本でも後を追うようにバブルがはじけると、多くのIT企業は苦境に立たされることになった。

その後も、2008年のリーマンショックにより、日本のIT業界は大きな打撃を受けた。大手メーカーがシステム投資を控えたことで、下請けで開発を請け負っていた会社の業績が軒並み悪化していった。そうした業界の激動の時代を生き抜いてきた会社のひとつが（株）ソフトビジョンである。

3度めの危機が来る前に会社を売却したい

会社の創業は1987年。日立製作所に勤務していた竹内正夫氏が35歳のときに独立して立ち上げた会社である。社内での出世競争に嫌気が差していた竹内氏は、自分の技術を世に問うため、そして自らの技術を生かして世の中に貢献したいという志を胸に、当時の部下と

2人で東京都国立市のアパートの6畳一間から事業をスタートした。

竹内氏は、高い技術力を武器に先見性の高い分野でのデータベースを構築するソフトウェアの受託開発を手掛けることで順調に成長し、およそ25年間で売上高約10億円、社員数100人規模の会社に育て上げた。

主要取引先の大手システムインテグレーターは約300社と取引をしており、その中でも特に優秀な10社を〝スペシャリスト〟として選出しているというが、ソフトビジョンは非上場企業では唯一、毎年選ばれているほどの高い技術力と独自性を誇っている。

しかし、順調な経営を続けていた竹内氏は、2012年11月に会社を売却する。経営上の問題は抱えていなかった竹内氏が決断に至った理由は次の通りである。

「M&Aが成約する前年、私は59歳になっていました。あるとき、前職の会社の同期の連中と集まって酒を飲んでいると、誰からともなく〝定年退職するまで、あと1年しかない〟という話題が持ち上がったのです。そのときあらためて、世間では自分はもうそんな年齢になったということを実感しました。そして、これから自分の会社をどうするかという課題にまじめに取り組まなければいけないと考えたのです」

前述したように、IT業界は2度の危機によるダメージを受けている。苦しんだ過去の経験から、3度めの波が来る前に、会社の業績が安定しているうちに他社に売却したり、合併することで生き残ろうと考える経営者も多い。そうした理由から、ＩＴ業界は現在もっともＭ＆Ａが活発に行われている業界のひとつでもある。

しかし、これまで竹内氏はＭ＆Ａを考えたことは一度もなかったという。

「じつは、会社を売却することには抵抗がありました。経営難に陥った会社が身売りするのがＭ＆Ａだと思っていたから、Ｍ＆Ａに対しては懐疑的だったのです。それに、私は経営することが好きですし、ここまで育てた会社ですから当然、愛着がある。多くの社長さんもそうだと思いますが、簡単に手放すことなど考えられませんでした」

事業承継についても竹内氏なりに考えていたという。

「私は会社の私物化をよしとはしていなかったので、創業当初から子供や親族には会社を継がせる考えはありませんでした」

中小・中堅企業の社長にとって事業承継は最大の課題である。中でも後継者不在は頭の痛い問題だ。実際、65％以上の中小・中堅企業に後継者がいないという現実は日本の経済を根本から揺るがす大問題となっている。

「いろいろと考えた末、後継者を社内で育成しようと考えました。株式のすべてを私が保有したまま会長となり、これまで二人三脚で会社を大きくしてきた創立メンバーで、技術部門のトップだった男に社長を任せました。しかし、そこには株式の引き継ぎという大きな壁がありました。

私が完全に引退するには経営を任せるだけでなく、株式を引き継がなければいけません。しかし、ソフトビジョンくらいの規模の会社でも株価は数億円になります。これだけの金額を社員が用意するのは、物理的にも心理的にも至難の業です。

私は株式を安く譲渡しようとも考えました。しかし、5年後くらいにまた同じように後継者と株式の引き継ぎ問題が起きるとすれば、それは問題の先送りにすぎないと思いました。

ＩＰＯも考えてみましたが、株式上場など簡単にできるわけではない。社内の人間に事業承継するのも難しい。では、自分が持っている株をどうするか？　仮に、自分に何かあったとき知らないところに株がいってしまうのは避けたい。

そこで、具体的にＭ＆Ａを検討することにしたのです。会社の状況が悪くなってからでは相手を選べなくなるし、金額面でも不利になる。であれば、会社が安定している今から進めたほうがいいだろうと考えました。良くも悪くも、人生は何が起こるかわからないですから」

竹内氏は、友人が日本Ｍ＆Ａセンターのコンサルタントと知り合いだったこともあり、早速、セミナーに参加した。しかし、このときはまだ真剣にＭ＆Ａを望んでいたわけではなかった。

「簡単に売却先が見つかるなどとは思っていませんでした。それに自分はまだまだ働ける年齢でしたから、焦りはありませんでした。いい相手が現れなければあと5年は自分が会長として今の状態をキープすることはできるだろう、というくらいの気持ちでした。

しかし、渡部さんとの面談では驚きました。とても細かいところまで質問され、提出する資料もあれこれ要求されましたから。真剣に考えて対応してくれているんだと安心しましたし、信頼できると感じました。

渡部さんが指摘した経営上の不安材料のひとつは、後継者問題。他にも、売り上げの7割を大手システムインテグレーター1社が占めていることでした。私の希望条件は、社員全員の継続雇用と社名を残してもらうことと、組織体系など社内体制の維持であることをお話ししました」

いざ蓋を開けてみると、売却先が簡単に見つかるとは思っていなかった竹内氏の予想に反し、3期連続で増収増益の優良企業であることもあって、すぐに買い手候補4社が手を挙げた。竹内氏はできる限り大きな会社と一緒になりたいと当初考えていたが、後に一緒になるウィズソフトは候補4社の中で最も小さな会社だった。

買い手と売り手のマッチングポイントは〝両想い〟であること

ウィズソフトは、大阪に本社を置く、ソフトウェアの受託開発や、ルーターなどのネットワーク機器のファームウェアの開発・評価を行う会社である。システム開発とネットワーク技術、それにシステムエンジニアリングサービスという3つの領域を中心に、携帯電話やカーナビ、自動改札機などのシステム開発などを行い、当時の年商は約9億円、社員数約60名の中堅規模の会社である。

社長の勝屋嘉恭氏は現在49歳の2代目社長。そもそもは1990年、20代のときに前職の先輩と意気投合して立ち上げた会社で、先輩が社長に就任し、勝屋氏は専務としてサポートするという体制でスタートした。

ITバブルの危機も乗り越えて順調な経営を続けていた2004年、勝屋氏に思わぬ転機が訪れた。当時の社長が辞めたいと言い出したという。

「2人で腹を割って話しました。すると、早期リタイアして自分の好きなことをやりたい。あとはお前に任す、というのです。突然のことで驚きましたが、意外なことではありませんでした。そんな自由な感性が彼の魅力でしたから」

会社を引き継いだ勝屋氏は、当初、大変な思いを経験することになった。中小企業の場合、オーナーが退任すると、役員退職金の支給などで会社の資産や価値が低下し、内部留保が厚くなるまでは金融機関からの評価が厳しくなる傾向になる。勝屋氏もしばらく資金繰りに苦労する時期があったという。

勝屋氏は、その苦難の中においても自分流の経営改革を進めていった。人材派遣とECサイト運営のための子会社を立ち上げ、同時に自社の弱みを分析していった。

「大手企業との取引で培ってきた開発力には自信を持っていました。しかし当時は、売り上げの6割が特定の顧客に集中しているリスクと、自社製品を持たないという弱みがありました」

万が一のときに会社が倒れないように事業のラインナップを拡大し、エンドユーザー向けの製品を開発・製造して自社ブランドを確立する――この課題をクリアするには人材、資金、時間のすべてが足りない。そこで考えたのがM&Aだった。

「変化の激しいIT業界で生き残り、さらに事業を拡大していくためには、M&Aで時間を買い、相乗効果を高めていくしかない。それで大阪で開催されていた日本M&Aセンターのセミナーに参加し、まずはM&Aについての勉強しようと考えました。2008年のことです」

現状維持で満足していれば、いずれ業界から取り残されることになる。「体力と資産があるときにM&Aによる新規事業の立ち上げを積極的に進めていくことが重要だ」とセミナーに参加して確信した勝屋氏は、情報提供の依頼を正式に弊社に申し込んできた。

その後、最初に行ったのは、次のテーマに沿ったM&Aコンサルタントとの戦略会議である。

1. どういった経営戦略をもとに買収を考えているのか
2. 買収の目的は何か
3. どのような企業を、どのくらいの予算で買収したいのか
4. ピンポイントでの買収を検討したいのか、幅広く情報収集したいのか

これらを明確にしたうえで、具体的にM&Aを進めていく。

勝屋氏が出した希望は、大都市圏を中心に、IT関連の隣接業種で、自社製品を手掛ける会社、というものだった。

勝屋氏は、じつはかつてM&Aを1度成功させた経験を持つ。相手は大阪に本社のある(株)タスという会社だ。

(株)タスは、〝食と健康〟をキーワードに、パッケージソフトの開発・販売を行い、栄養管理ソフト業界の第一人者として病院や福祉施設、給食業者、自衛隊などを中心に幅広い顧客から支持を受けていた。

「タスは3000件以上のクライアントを持ち、2桁という高い利益率を誇る優良企業でした。紹介をいただいたとき、これはいいお話だと直感しました。

創業したのは荒牧さんという女性オーナーで、実際にお会いしたところ品格とエネルギッシュなパワーを兼ね備えたとても魅力的な方でした。高齢のご両親の介護問題と後継者不在のため、会社の売却を決意したとのことでした。

また、タスが抱える問題は、自社開発ソフトをより使いやすくするためのカスタマイズとメンテナンスでしたが、人材が社内で不足していたために対応できず、そのため営業サイドも思い切った販売戦略を打ち出せず、売り上げ拡大の好機を逃しているというものでした」

すぐに勝屋氏が自社で検討したところ、タスの抱える問題は自社の技術と人材でクリアできることがわかった。さらに、お互いのネットワークを融合し、共有化すれば、新商品の開発から販売、メンテナンスまで相乗効果が期待できると確信したという。

「荒牧さんは人生に関しても、経営に関しても大先輩で、私はまだ40歳過ぎの若輩者でしたが、その若さに期待していただいたというところがありました。同時期に大手給食会社から条件のいい買収オファーもあったようですが、会社に若い力と感性を取り入れて成長させていってほしいという思いがあり、当社を譲渡先に選んでいただきました」

相乗効果はすぐに表れ、2年間で顧客数と売り上げはともに1・5倍以上にアップ。ウィズソフトとしては念願の利益率の高い自社製品というブランドを手に入れることができ、関東圏での販路拡大も実現した。タス社が抱えていた問題がクリアされたうえに、社員たちのモチベーションも上がり、現在、期待以上の成長を遂げている。

勝屋氏は言う。

「M&Aが成功するための条件を挙げるなら、〝両想い〟であることだと思います。相乗効果が出なければM&Aをする意味がない。タスとのM&Aで、それを学ぶことができました」

買い手候補の中から一番規模の小さい会社を選んだ理由とは?

過去に行った勝屋氏のM&Aの成功体験は、ソフトビジョンとのM&Aにおいても好印象を与えた。前述したように、ソフトビジョンの相手は4社の競合だったが、ウィズソフト以外の3社はいずれも大手企業だったという。竹内氏が一番規模の小さい会社を相手に選んだのには理由がある。

「正直なところ、最初は社員たちを安心させるためにも大手企業とのM&Aを考えていました。私が一番に考えたのは、社員の継続雇用と将来に向けた環境整備でした。

面談した大手の3社はいずれも立派な会社で、社長のほとんどが自分と同年代の方でしたから、考え方のバックグラウンドもよく理解できました。しかし……青臭いと言われるかもしれませんが、そこには未来に向けた展望を見ることができませんでした。

還暦を目前にして未来の夢を描くなら、たとえ自社と同じくらいの規模の会社でも、若い力に託してみたかったのです。それに、勝屋さんにお会いしてみると、なんだか若い頃の自分に似ている感じがしたのです」

もちろん、現実的な部分も考えてのことだった。大手企業の場合、たとえ人間性が優れた社長でも2、3年もすれば他の人に交代してしまう可能性もある。すると、もう自分の知らない人が社長になってしまう。会社の方針はいくらでも変わってしまうだろうから、子会社の独自性は保たれなくなってしまうこともあるかもしれない。

「その点、勝屋さんが私の考えとやり方を踏襲すると言ってくれたのは安心材料になりました。逆に、東京と大阪で離れているのも独自性を保つにはいい距離だろうとも思いました。

それに、相乗効果を考えれば、お互いが東京と大阪でそれぞれ市場を拡大することができる。このメリットは大きい。

そして、もうひとつの決め手は、すでに勝屋さんがM&Aを経験し、良い結果を出していたことでした。実務では、年齢よりも経験がものをいう場合はありますから」

竹内氏には、もう迷っている様子はなかった。勝屋氏は自分よりも年長の優れた先輩経営者に対して最大限の敬意を払った。交渉はとんとん拍子に進み、1回目のトップ面談から2カ月というスピードで最終契約の締結、成約式となった。

通常、M&Aの成約式の後は会食となることが多いが、竹内氏が趣味で当時居酒屋を経営していたこともあって、その夜は竹内氏のお店で盛大なパーティが催された。竹内氏自らが築地市場で仕入れた魚料理を振る舞い、参加者は店にあった日本酒をすべて飲み干すほど座は盛り上がった。

「私も勝屋さんもお酒が好きだということで、この夜は両社の幹部らも交えて大いに盛り上がりました。10年ぶりといえるくらいの量を飲みましたよ。

仕事の話は一切なしで、お互いが打ち解け、理解し合える場にしたかった。互いの会社の社員が最大限に力を発揮するには、社内環境と人間関係は重要ですから。どちらが上か下かも関係ありません。新体制をスムーズにスタートするには初めが肝心です。とてもいい時間を過ごせたと思っています」

当初、竹内氏はM&Aでの会社売却を長い目で見ていたが、結局、半年ほどのスピード契約となった。

ハッピーリタイアで第2の人生を存分に楽しむ

竹内氏は、クロージング後、社員たちへの引き継ぎ業務を丁寧に進めていった。

「最初に、私の下で実質的に会社を取り仕切っていた4人の部長に、M&Aに至った経緯と私の思いを伝えました。その後に現場にもっとも近い彼らから、社員に私の思いを説明してもらうことにしました。

社内でM&Aの発表を行ったとき、社員たちからは〝自分たちを置いていなくなるのか〟という雰囲気が多少ありましたが、業務の引き継ぎはスムーズに終わり、3カ月後には会社を去ることに決めました。社長でも会長でもない人間が、いつまでも会社に残っていては業務に差し支えが出ると思いましたから。

社員全員が納得してくれたかわかりませんが、その後、会社には新たな資本が入り、社員数も増え、確実に業績も上がっています。以前からいた社員も大いに刺激を受け、さらに能力が向上したようです」

また、竹内氏は、会社を取り仕切っていたこの4人の部長たちが会社にとって非常に有用な人材であることを勝屋氏に伝えていた。竹内氏のその意向を汲み取り、4人は取締役等に抜擢された。

勝屋氏は言う。

「4人の方はとても優秀だったので取締役等をお任せしたのです。ただ、副社長が辞められたのは残念でした。東京での業務を統括していただく予定でしたし、優れた技術を今後も生かしていただくつもりでした。ソフトビジョンの社員には動揺もあったようですが、逆にこのことがきっかけで社内が団結したのは、災い転じて福となりました。

やはり、会社にとって人材は宝です。M&Aが成功してお互いに相乗効果を出すためには、売り手企業の社員のモチベーションを上げて能力を発揮してもらわなければいけません。そのための環境整備も買い手企業のトップの重要な仕事だと思います。

買い手企業にとって、M&Aは契約締結後からが本番です。私は、ソフトビジョンを成長・発展させていくことを竹内さんと約束しましたから、これからが勝負です。おかげさまで、ウィズソフト、タス、ソフトビジョンの3社はいずれも増収増益で、グループ全体ではこの4年で売り上げが4倍近くまで増えました。1社では実現できなかったことが3社になったことで、ここまで成長できたのです。

今後も相乗効果を発揮できる〝両想い〟のお相手があれば、積極的にM&Aに取り組んでいきたいと考えています。その先にあるのはグループの上場です」

さて、会社を売却したその後の竹内氏の現在を少し紹介しておきたい。

「会社のことを考えなくてもよくなったので、ほっとしているのが正直なところです。やはり資金繰りやら納期やら、経営をしていると心が休まる暇がありませんでしたから。お陰様で時間ができた」とのことだ。

今では竹内氏は、知人から頼まれた会社のコンサルティング業務も行っている。

「おもしろいもので、私が今お手伝いをしている会社は、昔のソフトビジョンと似たような形で成長しているのです。それを見ているのも、何か懐かしいような、すでに知っている未来のような不思議な気持ちで応援しています。

人生は人それぞれですし、何が正解なのかはわかりませんが、私は私の人生の次のステージを無理なくマイペースで楽しんでいる。そんな毎日です」

そう言うと、竹内氏は屈託のない顔で笑った。経営上手な人は、人生の楽しみ方も心得ているようだ。

【事例解説】ソフトビジョン社

ソフトビジョンの竹内会長は、３期連続増収増益という会社の絶頂期に譲渡の決断をされました。当時、私は「これは、なかなかできる決断ではない」と感心したものです。

今まで多くの経営者と面談をしてきましたが、業績が良いと、つい「まだ続けられる」と思い決断を先送りにされる方が多いものです。しかし、M&Aで成功しているほとんどの企業は黒字で、かつ優良な企業です。逆に言うと、赤字が続く下降曲線の会社を買おうと思う経営者は、そうはいないということです。

「技術や歴史があるのだから高く評価してほしい」とおっしゃる赤字企業の経営者は多いのですが、実際には経営の数字が実態を表しているので、業績が下降トレンドになってくると、お相手探しは苦労することが多いのです。

後継者問題を解決するため、自社の創業メンバーに社長を託しました。しかし、創業社長とナンバー2の経営能力の差は大きく、結局のところ自らが会長として残らざるをえない状況になっていました。

また資本という側面では、社内のメンバーに経営を任せたとしても億単位の金額になる株式の買い取りは現実的に難しいということに後から気づいたと言っていました。

竹内会長の素晴らしいところは、第2の人生を本当に楽しんでいることです。譲渡後には京都にマンションを購入し、祇園祭や五山の送り火を楽しんでいるとのことです。ご自宅にも伺ったことがありますが、趣味の美術品に囲まれながら過ごされています。また、那須高原に大きな別荘があり、気が向いたときにふらっと出かけて自然を満喫しているようです。そうかと思えば、週に1日だけですが、知人の会社のコンサルティングをもされている。そのバランス感覚が人間的魅力の源泉のように感じます。

創業経営者は、「会社がすべて」といった方も多く、そうした方は経営を辞めた後は何をしていいのかわからないとおっしゃいます。一方、引退後に何をするのかもしっかり考えて行動されている方は、業界再編のタイミングを逃さないように思います。

60歳になったから、もしくは65歳を過ぎたから会社を売却しようというのは、ひとつのきっかけにはなりますが、オーナー経営者の引退のタイミング（年齢的なタイミング）が必ずしも業界の状況を見たときに資本を売却するタイミングとして適切なわけではありません。

たとえ50代であっても売却の決断ができる経営者は、業界再編時代のM&Aで成功する経営者と言えるでしょう。

第5章

M&Aという大仕事を成功させ、「経営者の責任」と「余生の幸せ」を両立する

中小・中堅企業のオーナー経営者は業界再編の波に乗り、売り時を逃さずベストのタイミングでM&Aができれば、高値で売却利益を手に入れ、事業承継問題を解決し、社員の雇用や社名が維持され、金融機関の債務と担保から解放され、さらに会社は継続して成長していくことになります。

メリットはそれだけではありません。オーナー経営者が適切な決断をすることで、もうひとつ手に入れられるものがあります。それは、第2の人生での自由です。

業界再編時代のM&Aで人生の自由を手に入れる経営者たち

第1章でご紹介したように、高階さんは一流の経営者でさえ得られない高い売却益を得たうえで子会社の社長として経営を続け、さらに店舗数を増やすことで会社を発展させることに成功しています。

「雇われるのが嫌で起業したのに、なぜ雇われ社長にならなければいけないのか」

そんなふうに考えるオーナー経営者もいらっしゃいます。しかし、雇われ社長にはオーナー社長とはまた違うやりがいとメリットがあります。しかも、社会（買い手企業）から、強い要請を受けて経営に引き続き携わっているのです。

また、オーナー経営者から雇われ社長になったことで、大企業の資本や資産を使い、引退を前にようやく経営者としての実力が発揮できたという方も多いのです。

たとえば、以下のようなケースです。

「引退が近い年齢になってくると守りに入り、新規出店や設備投資にはどうしても躊躇があった。しかし、新たな資本が入ったことで、大胆な戦略で新規出店を行ったり、最新の設備を導入することができた」

「長年、資金面や人材面で制約された中で経営してきたが、親会社からのバックアップがあるお陰で以前から実現したい事業をようやく最後になって立ち上げることに成功した」

「自分は経営者としてふさわしい行動をしているか、また、成果をしっかり挙げているかということを、株主である親会社につねに評価されるので、緊張感を持って経営するようになった。それが、いい刺激になって以前よりむしろ高いパフォーマンスを発揮できるようになった」

「大手企業でなければ入りにくい最先端の情報が手に入るようになり、それを経営の現場で実践できるようになった。未来を見据えて戦略的に邁進する買い手企業で、社員も働くやりがいを持てて、喜んでいる」

第4章で紹介した竹内さんは、会社を売却後、知り合いの会社のコンサルティングを行いつつ、趣味だった美術品に囲まれながら別荘を行き来し、第2の人生をマイペースで謳歌しています。

「自分は経営しかしてこなかったから、会社がなくなったら何をしたらいいのかわからない」という経営者の方もいます。しかしその一方で、絶好のタイミングで会社を譲渡し、次世代へ経営のバトンタッチを決断できるオーナーは、玄人はだしの趣味を持っていたり、他人との比較ではない確固たる自信を持っている方が多いものです。つまり、引退した後でも人生の楽しみ方を知っているのです。だからこそ、50代という引退するには少し早いタイミングであったとしても躊躇しません。

早い段階で引退したオーナー経営者の、その後の人生はさまざまです。今までの経験を活かし他社の顧問になった、海外に移住した、以前から興味があった分野を学ぶために大学に通い直した、夫婦で世界旅行に出かけた、地域の社会活動に取り組んでいるなど、仕事とは違う世界を楽しんでいる方も多くいらっしゃいます。

会社を譲渡すると多くの場合、億単位のお金が手元に残ります。今まで会社中心で、24時間365日働き詰めだったのだから、残る人生は会社とは一歩離れて、そのお金で豊かに過ごすという選択肢も、経営者人生の集大成としての幸せの形といえるのではないでしょうか。

また、今まで多くの制約の中で経営を続けてきたのだから、会社譲渡後は売却益を元手に本当にやりたかった事業を立ち上げたいというオーナー経営者もいます。

たとえば、非営利事業と営利事業の間のようなイメージで、30億円の譲渡益を元手に誰もが入居したくなるような老人介護施設をつくり上げたオーナーがいました。当然、初期投資の回収には時間がかかりますが、運営は今後も継続してやっていける収益構造になっています。

先日、成約したＩＴ企業の40代前半の経営者は10億円で譲渡に成功し、充電期間としてシリコンバレーで過ごしています。時期が来たら、また新たに起業するそうです。

調剤薬局を譲渡し、その隣に介護施設をスタートした経営者もいます。これまでも十分収益が出ていましたが、地域のニーズに合った事業を展開したことですでに以前の10倍の利益を生み出しています。

第４章で紹介した大野さんは、Ｍ＆Ａ後も自社の社長を続けながら親会社から請われ、副社長として陣頭指揮を執っています。それは同時に、一企業にとどまらず業界を牽引する側の人間として、新しいビジネスを創造していく、未来の業界をリードしていくというミッションを担っているということになります。

ただ規模が大きくなるだけではない業界再編の本当の意義

そして、もうひとつ、私がオーナー経営者の皆さんにお伝えしたいことがあります。それは、業界再編の本当の意義についてです。

業界再編が進んでいくと、勝ち組の会社やグループの規模が巨大化するだけで、自分には関係ないと考えている経営者も多いでしょう。実際に、スーパーマーケットやドラッグストア、家電量販店、医薬品卸などの業界も途中までは単なる規模の拡大、陣取り合戦と思われていました。

しかし、ある規模に到達した時点から、単独資本で小さく残っている企業とM&Aでグループ化に成功した企業では、大きな違いが鮮明になってきました。

大手スーパーマーケットの場合は、PB商品を作ることで収益性をさらに高め、今ではネットスーパーの宅配便の拠点としての役割も担うようになりました。

大手ドラッグストアにおいては、ただ商品を並べて売るだけの小売業から、セルフメディケーション（自分自身で健康を管理して、軽度な身体の不調は自分で手当てすること）のサポート機能を持つ地域医療の拠点に生まれ変わり始めています。

駐車場ビジネスのタイムズでは数が1万、1万5000件と増えていくに従い、カーシェアリングという新しいビジネスが生まれています。歩いて数分のところで安く車が借りられるのですから、ユーザーにとっては便利なサービスです。

またコンビニでは、当初の雑貨店のようなスタイルから規模が大きくなっていくことで、銀行のATMが置かれ、宅配サービスが始まり、コーヒーやドーナツの販売も始めました。

さらに、これからはネット通販で購入した商品の引き渡しサービスもスタートします。単身者や共働きの夫婦などは好きな時間に商品を受け取ることができます。メーカーはコンビニを販売拠点のように活用し、運送業者は再配達コストを削減でき、当のコンビニは集客につながり手数料収入も見込めるわけです。おそらく、事業のスタート時には想定していなかったことではないでしょうか。

つまり、業界再編では大手の強者連合と中小・中堅規模の企業の間に決定的な収益力の差ができるだけでなく、それまで想定していなかった新しいビジネスが生み出され、業界の次の時代の形が創造されていきます。多くの業界では、再編が起こることによってビジネスの仕組みや内容が変わっていくのです。

ただ、規模の拡大を目指して同業同士で統合しているのではなく、リーダーたちは業態を超えて統合し、業界が次の時代にどうあるべきかという「未来」の実現に向けて集結しています。

そして現在、再編が起きている業界では、オーナー経営者であれば誰でも、そうした業界のリーダーの一員となって未来を創っていく側の人間になることができるということなのです。

1人の経営者、単独の1社ではできなかったことが集結することで実現可能となり、次の時代を切り拓いていく、それが業界再編の本当の意義なのです。先日、日本経済新聞社のインタビューで京セラ名誉会長の稲盛和夫氏はこのように述べています。

「世界中から強い企業が次々に現れるなかで、狭い市場に多くの日本企業が群雄割拠していたのでは競争に勝てない。大同団結して世界に通用する力をつけるべきで、場合によっては小異を捨てて大同につく合併のような動きがもっと進んでもいい。経営者は『一国一城のあるじ』に満足するのではなく、勇気を持って業界の再編などに取り組んでほしい」と。

M&A上手なカリスマ経営者に学ぶ志と情熱の大切さ

〝M&A上手〟といわれる経営者には共通した志と哲学、そして情熱があります。自力で事業を立ち上げ成長させていくのはもちろん、真に優れた経営者は相手を生かす達人でもあります。そうした名経営者の考えや発言から成功するＭ＆Ａの条件を見てみましょう。

まず、１人めの達人は、日本電産（株）の創業者で代表取締役社長の永守重信さんです。永守さんは１９７３（昭和48）年に４人で立ち上げた同社を、精密小型モーターや中型モーターの開発・販売を主力とする世界ナンバー１の総合モーター会社に育て上げました。その原動力となったのがＭ＆Ａです。

優秀な技術はあるのに経営不振に陥った会社を買収して、子会社化してから再建するという手法を主に使いながら、31年間でなんと43社もの企業をＭ＆Ａによってグループ化し、成功を収めています。

「自力では賄えない技術や市場での力をＭ＆Ａで相互補完し助け合う」というのが永守さんのＭ＆Ａ哲学です。だからこそ、買収したのが赤字企業でも社員のクビを切って人員削減するようなことはせず黒字転換し、その会社が最高益を更新したところで社名を「日本電産○○」と変更するのだそうです。

日本電産のホームページで、永守さんは以下のように言っています。

「当社のＭ＆Ａは、〝回るもの、動くもの〟に特化し、技術・販路を育てあげるために要する〝時間を買う〟という考え方に基づき行っています」

また、経営塾より刊行された『一冊まるごとM&A』では、

「買収当初は社員の反発もある。それでも1年間は、だまされたつもりでついてきてもらう。コミュニケーションを大切にし、約束は守る。それによって信頼関係を築いていく」

と言い切っています。

さて、2人めのM&Aの達人は、ソフトバンクグループ（株）の創業者で代表取締役社長である孫正義さんです。

1981（昭和56）年に前身の（株）日本ソフトバンクを設立し、経営戦略としてのM&Aを数多く実行することで今や日本を代表する企業にまで成長させることに成功しました。孫さんの言葉を紹介します。

「私は小学校時代、多くのことを学びました。人を命令で従わせるのではなく、目的を共有しながら同志的に結びつくことも」

「そういった同志的な関係が生かされるのなら、M&Aは最高の経営的な拡大の手法なのだと思います」

（『志高く　孫正義正伝　新版』実業之日本社文庫より）

そして、3人めの達人は、イー・アクセス（株）創業者の千本倖生さん（日本M&Aセンター特別顧問）です。

千本さんは日本電信電話公社（現NTT）勤務時代に、自社の通信独占状態に異議を唱え退社。京セラ（株）の創業者である稲盛和夫さんと共同で第二電電（現KDDI）の創業に参画。その後、携帯電話事業のDDIセルラー（現au）、PHS事業でDDIポケットやウィルコムなどを軌道に乗せ、1990年代後半に日本の高速インターネット時代を予見してADSL事業を行うイー・アクセスを創業すると、2005年には携帯電話会社のイー・モバイルを創業しました。

千本さんが経営塾より刊行された『一冊まるごとM&A』で言った言葉は以下の2つです。

「M&Aを決断する条件は、もちろん時間を買うという部分もありますが、同時に自分たちの持っていない分野、人材を買うことができるかどうか」

「何件かの企業を買収した経験から言えるのは、M&Aの成功は、買収先の社員がその力を発揮してくれるかどうかにかかっています。ですから人員削減などもってのほか。買った側、買われた側の差別も一切しませんでした」

日本の通信事業におけるパイオニアの1人である千本さんは、これまで多くのM&Aを実施し、買い手と売り手両方の立場を経験してきました。

こうした意識はトップだけが感じていても意味はなく、自社の社員にも買収した企業の社員にも、事あるごとに口が酸っぱくなるほど言い続けたと千本さんは言います。特に買収した企業の社員に対しては、「差別はしないから思い切り働いてほしい」と、あらゆる機会を通じて伝えていったようです。

2012年、千本さんはイー・アクセスをソフトバンクに売却することを発表します。激しい競争を繰り広げ、長年のライバルであったソフトバンクになぜ売却したのでしょうか。まさか相手がソフトバンクになるとは、自身考えてもいなかったと言います。

「ベンチャー企業として自らリスクを取ってチャレンジしていくという姿勢やDNAが、もっとも共通しているのがソフトバンクでした。さらにはソフトバンクの孫正義社長は、買い手として名乗りを上げた他社のトップと比べ、もっとも強烈にラブコールを送ってきてくれた。話をすればするほど、その熱意が伝わってきたのです。しかも社員の待遇に関しても保証してくれるという。ソフトバンクと一緒になれば、社員たちはさらに大きいステージで自らの持つ能力を最大限に発揮できるのではないだろうか。それが社員にとってもハッピーなのではないか。そう考えてソフトバンクに売却することを決めたのです」

以上3人の達人の言葉から、M&Aが行われる本来の意味が見えてきたのではないでしょうか。

買い手企業の経営者にとって大切なのは、将来に向けたビジョンと戦略、そして仕事への情熱と人への愛情。これは、今後何十年経っても変わらない普遍のテーマであり、売り手企業の経営者にも求められる資質でしょう。

また、売り手企業の経営者としては、ただ高値を提示されたということだけでなく、志や情熱という観点から相手先の企業と経営者を見極めることも大切です。

〈M&Aで相乗効果を生み出すための10カ条〉

・自社の成長戦略を明確に描いている
・相手企業の文化を尊重する
・相手企業の経営者に敬意を払う
・相手企業の人員削減をしない
・相手企業の社員のモチベーションを高める
・相手企業のよさを生かす
・成果を急がない

・数字だけを見ない
・相手にうそをつかない
・同志的な信頼関係を築く

業界再編時代のM&Aで成功するための鉄則5カ条

M&Aは経営者人生にとって最大の決断だといえます。これまで私は多くの会社の事業承継のシーンに立ち会ってきました。そうした経験から言えるのは、業界再編時代のM&Aを成功させるには何点かの重要な鉄則があるということです。

最後に大切なポイントを、おさらいとしてまとめておきます。ぜひ参考にしていただき、今後の経営戦略に役立ててください。

①「業界再編時代のM&Aは勝者の選択」

身売りや経営不振など、以前はマイナスイメージでとらえられがちだったM&Aですが、今では事業が不振なために売却するというケースはほとんどありません。特に中小・中堅企業では皆無です。

なぜなら、業界再編時代のM&Aでオーナー経営者は株式の「圧倒的高値売却」と、譲渡後の企業の「飛躍的成長」の両方を実現することができるからです。

つまり、今やM&Aは敗者の選択ではなく、「勝者の選択」なのです。そもそも、優良企業でなければ買い手企業は現れないのです。

もっとも、オーナー経営者が引き際について考えることができるというのは、すなわち成功の証しだともいえます。企業の平均寿命は通常30年といわれますが、2011年の「中小企業白書」によれば、起業後10年で3割の企業が市場から退出、20年後には5割の企業が退出し、30年後の企業の生存率は46％ほどになっています。

半数以上の経営者は自らの引き際を考える前に、会社経営の場から退出しなければならないという現実があります。ですから、事業の承継を考えるときまで経営者として生き残っているだけでも成功者なのです。

②「自社の戦略を見極める」

M&Aを成功させた買い手企業は、以下の3つの戦略を柱にすることで大きな相乗効果を得ています。売り手企業のオーナーとしても、どのような相乗効果を生み出せるかを戦略的に考えてM&Aを進めていく必要があります。

1．市場規模拡大を狙って他地域へ進出

ある地方の中核都市で創業した会社が順調に業績を伸ばしてきたが、その地域の経済規模や人口構成を考えると、これ以上成長するのは難しいと考え他地域への展開を狙ってM＆Aをしていく戦略。

たとえば、三重県や岐阜県の会社が名古屋へ進出し、その後、東京と大阪へ活動範囲を広げるためにM＆Aをしていくようなケースです。この戦略はM＆Aでは非常に多いケースですし、成功の確率が高いものです。

2．相乗効果を最大限に高める川上・川下戦略

アパレルのメーカーや卸会社が小売チェーンとM＆Aをしたり、ものづくり企業が商社と組んで一気に販路を拡大するためにM＆Aをするケースなど、川上から川下までの商品の流れを押さえることで相乗効果を最大限に高めていく戦略です。

また、全国チェーンのスーパーとメーカーが業務提携をして、安くて品質のいいプライベートブランド（PB）商品を安定的に低価格で提供することで売り上げを伸ばすというケースも、こうした戦略のひとつです。

3．隣接業種への展開で仕事の幅を拡大する

リフォーム業の会社が戸建て住宅のハウスメーカーをM＆Aで買収するケースや、電気工事の会社が空調システムや給排水を手掛ける会社と合併するケースなどが当てはまります。

少子高齢化に伴い今後、新築の住宅の建築数が減少していくことで住宅のリフォームが増加していきます。そこで、ハウスメーカーがこれまで手掛けた住宅のリフォームを親会社が請け負うことで相乗効果が生まれます。

また、住宅の電気工事しかできなかった会社が空調や給排水工事の会社と合併することで、1社で一括して仕事を受注して仕上げることが可能となり、大きな相乗効果を生む戦略です。

さらには、国内生産だけだった製造業の企業が海外に工場がある隣接業種の企業と提携し海外展開するという戦略もあります。

③「買い手企業の経営者の熱意とビジョンに共感する」

業界再編は、ビジョンと熱意を持った地域のリーダーが集まり主導していきます。1人の経営者や1社の企業ではできないことを、集まることによって実現することが業界再編の意義です。ですから、再編の中心となるべき経営者は、他の中小・中堅企業の経営者が賛同する姿を提示しなければなりません。

買い手企業にとって、高値でも譲り受けしたいと思える企業には、それだけ高く評価できる事業上のシナジー効果があるものです。だからこそ、M&Aにかける意欲や熱意を持っているのです。

したがって、売り手企業にとって自社を高い金額でも譲り受けしたいという企業は、それだけで優先すべき交渉相手となりますが、膝を突き合わせて最終的に話し合うべきことは、金額ではなく、お互いのビジョンや経営理念です。

買い手企業の掲げるビジョンに共感できないのであれば、M&Aは進めるべきではありません。逆に相手企業の経営者に直感的に賭けてみたいと感じるのなら、経験上、多くの場合でM&Aは成功します。

④「外部環境に敏感になる」

以前、株式を売却したオーナー（年商10億円、利益1億円）は、こんなことを言っていました。「3年前から学生が集まらず、新卒採用ができなくなった。だから引退を決意した」。

新卒採用ができているかどうかは売却を考えるタイミングとしては、よい試金石になります。継続的に発展している会社は、そのほとんどが毎年、新卒採用ができています。つまり、新卒採用が困難な業種は、継続性に疑義が残るので注意が必要です。

株式を売却したオーナーは、新卒採用ができないという業界を取り巻く環境の変化にいち早く気づき、売却を早期で決断した好例です。高収益の状況であったとしても、新卒採用ができないということは、いずれは収益にも翳りが見えてくるはずです。早めに検討を始めてM&Aで成長業種企業の一員となることで、採用問題も解決できる可能性が高くなります。

企業の売却や引退を決意する動機が「個人の事情」であることが多い中、「外部環境の変化」を敏感に感じ取ることができるというのも、業界再編時代に成功する経営者の共通点といえます。

⑤「自由な時間は6年しかない⁉ 早めの準備が成功へのパスポート」

オーナー経営者が引退を考えるひとつのきっかけに、会社員の定年があります。60歳になると、同級生や前の職場の同僚などが同窓会やゴルフをしているのに、自分には自由な時間がないことに気づき、そろそろ引退したいと思うようになったという経営者も多くいます。

ところで、オーナー経営者が希望する引退の時期は65歳という声を多く聞きますが、厚生労働省が2013年に公表したデータによると、健康寿命（健康上の問題がなく日常生活を送れる年齢）は、男性が71・19歳、女性が74・21歳になっています。これから考えると、健康で活動的に動ける「第2の人生」は、男性経営者の場合、わずか6年しかないということになります。6年という期間が長いのか短いのかは個人の価値観によりますが、何ができるかと考えると、6年ではいささか短いように感じます。

オーナー経営者にとって、50代以降は「いつでも引退できる状態にしておく」ことが重要です。60代に入って引退しようと思っても、引き継ぎ問題などがあってそんなに簡単に引退することはできないものです。

経営を続けるにせよ、ハッピーリタイアするにせよ、早めの準備が大切です。まずは資本（株式）と経営（社長や役員であるということ）を分離するために、大手企業に株式を譲渡し「オーナー経営者」から「雇われ社長」になる。そして、時期を見て経営権を譲渡するという2段階で次世代へのバトンパスをしていく。近年では、そうした選択をする経営者が確実に増えています。特に優良企業の50代の若い経営者の中には、会社を自分の持ち物として執着しない、こだわらないという考えが広がってきています。

時代は今、大きく変化しています。

オーナー経営者の皆さんには、この変革の時を絶好のチャンスととらえ、業界再編の波に乗り、M&Aで成功を手に入れていただきたいと思います。

第5章
M&Aという大仕事を成功させ、
「経営者の責任」と「余生の幸せ」を両立する

おわりに

「嫉妬するが、うれしくもある」

数年前に会社を売却した、あるオーナー経営者の言葉が印象に残っています。

多くのオーナー経営者は、会社は自分の人生そのものだとおっしゃいます。そして、売却時に最優先の条件として提示されるのは社員全員の雇用維持と社名の継続です。このオーナー経営者も同じでした。

果たして、M&Aによって自分の分身のように大切な会社は生き残り、企業として更なる成長を遂げている。同時に、社員全員の雇用は守られ、彼らは前より生き生きと楽しそうに働いている。会社と社員に対する自分の願いは、すべてかなった。でも、社長だった自分は、もうそこにはいない。

寂しくもあり、嫉妬もするが、苦楽を共にしてきた社員たちが会社に残ってがんばっている姿を見るのは、やはり元経営者としての喜びだという、彼の思いを感じたのです。

アメリカなどとは違い、日本の起業家の多くは会社を立ち上げるとき、辞め方や辞め時を考えないのが普通です。しかし、会社をどう次世代につないでいくのかは経営者の至上命題です。創業時とはいわないまでも、なるべく早い段階で経営者人生の最後と事業承継について考えておくことは、経営者としての責務といえるでしょう。

本書でお伝えしたように、オーナー経営者はM&A後に人生の自由を手に入れることができます。経営者を続けるのか、ハッピーリタイアを選択するのかは、まさにそれぞれの自由です。

昔はM&Aによる会社売却を経営者としての敗北のように感じる方もいらっしゃいました。しかし、会社売却後、たとえ経営を続けるという道を選ばなかったとしても、その選択は決して消極的なものでも意味のないものでもありません。なぜなら、会社は存続するだけでなく、大手グループの一員として、これからの業界をリードしていく存在となっていくからです。

自らは一線を退き、会社の未来を後進に託したことは大英断です。それは、残った社員たちが次の時代の業界を牽引するリーダーになっていくための道筋をきちんとつけて、経営者人生の最後の花道を飾ったということだからです。

時代は今、大きく動いています。

ただ、安いものを大量生産するだけ、今までと同じようなサービスを提供するだけでは、もはや企業が生き抜いていくには難しい時代です。商品やサービスには優れた付加価値をつける必要があります。そのためには、別々の会社が強者連合してひとつになることで体力をつけ、新たな価値を創造していくことが有効です。

確実に人口が減少していく時代。当然、労働人口も減少していくのですから今までと同じようにはいきません。これからの日本人には、働き方そのものに対する大きな意識改革が求められています。近年、ダイバーシティ（多様性）の重要性がいわれていますが、業界再編時代のM&Aでは企業風土も文化も違う会社同士がひとつに融合し、シナジー効果を高めていく必要があります。そのためには、違いを尊重して互いを受け入れていく、違いに価値を見出していくことで少子高齢化やグローバル化に対応していくことが求められるのです。

このような時代にあって、経営者は自分の会社のことだけを考えていればいいというわけにはいきません。経営者自身も変わっていかなければ、そう遠くない将来に自社の存続はおろか、日本経済も存亡の危機に立たされる可能性があります。

今後、日本の企業が国際競争で勝っていくためには、国内の企業が競合するのではなく協力し合うことで資本や人材を増強し、競争力を高めていく必要があります。そもそも業界再編には、企業同士が協力し手を結ぶことで国力を強化していくという本来的な目的があります。だからこそ、自社だけが生き残ればいい、親族だけが資本を握っていればいいという考えではなく、大きなパブリックな視点に立って会社を経営していくことがこれからの経営者には求められているのです。

そうした大きな変化の中で必然的に業界再編は起こります。そして、その第一歩を踏み出すのは、いつの時代も中小・中堅企業のオーナー経営者だということを忘れないでいただきたいと思います。そして多くの業界再編は、マネーゲームなどではなく、業界を良くしたいという熱意や情熱を持って真摯に取り組まれているのです。

本書の執筆に当たっては、過去仲介させていただいたオーナー経営者の皆さまのエッセンスを記載させて頂きました。特に、高階豊晴氏や岩崎裕昭氏、大野繁樹氏、田尻稲雄氏、竹内正夫氏、千本倖生氏には多くのご協力をいただきました。本書が、オーナー経営者の方々のよりよい人生のための「運命の1冊」になることを願ってやみません。

渡部恒郎

【執筆協力】
株式会社日本M&Aセンター　業界再編支援室
瀬谷祐介・澤田隆・阿部泰士・安藤智之・田中菖平・山田紘己・小林大河・浦勇伸考

渡部恒郎

わたなべつねお。株式会社日本M&Aセンター 業界再編支援室長。

大分県別府市生まれ。京都大学経済学部在学中にベンチャー企業の経営に参画。

卒業後、2008年日本M&Aセンター入社。業界再編M＆Aの第一人者。

過去70件を超えるM&Aを成約に導き、中小・中堅企業M&Aの№1コンサルタントとして業界を牽引している。

代表的な成約案件であるトータル・メディカルサービスとメディカルシステムネットワークのTOBは日本の株式市場で過去最高のプレミアムがついた(グループ内再編を除く)。

テレビ朝日「報道ステーション」、テレビ東京系列「ワールドビジネスサテライト」・「ガイアの夜明け」、日本経済新聞、朝日新聞、東洋経済、日経MJなどのマスメディアで取り上げられている。

「業界再編時代」のＭ＆Ａ戦略
№.1 コンサルタントが導く「勝者の選択」

2015年9月20日　第1刷発行

著　者　　渡部恒郎
発行人　　久保田貴幸

発行元　株式会社 幻冬舎メディアコンサルティング
〒151-0051　東京都渋谷区千駄ヶ谷4-9-7
電話03-5411-6440(編集)

発売元　株式会社 幻冬舎
〒151-0051　東京都渋谷区千駄ヶ谷4-9-7
電話03-5411-6222(営業)

印刷・製本　シナジーコミュニケーションズ株式会社

検印廃止

ISBN 978-4-344-97321-3　C2034
幻冬舎メディアコンサルティングHP
http://www.gentosha-mc.com/